理性地判断，建设性地表达

芃芃无尽夏，不解人世愁。招摇风雨中，开上你心头。

插画摘自 @ 老树画画

决策之道

·越重要的人越需要·

正和岛 主编

第3辑

中国财富出版社有限公司

图书在版编目（CIP）数据

决策之道 . 第 3 辑 / 正和岛主编 . — 北京 : 中国财富出版社有限公司，2022.6

ISBN 978-7-5047-7713-3

Ⅰ . ①决…　Ⅱ . ①正…　Ⅲ . ①企业管理 — 经济决策　Ⅳ . ① F272.15

中国版本图书馆 CIP 数据核字（2022）第 091352 号

策划编辑 郑晓雯　　责任编辑 张红燕　郑晓雯　　版权编辑 李　洋
责任印制 梁　凡　　责任校对 卓闪闪　　责任发行 董　倩

出版发行 中国财富出版社有限公司
社　　址 北京市丰台区南四环西路 188 号 5 区 20 楼　　邮政编码 100070
电　　话 010-52227588 转 2098（发行部）　　010-52227588 转 321（总编室）
010-52227566（24 小时读者服务）　　010-52227588 转 305（质检部）
网　　址 http://www.cfpress.com.cn　　排　　版 北京正和岛信息科技有限公司
经　　销 新华书店　　印　　刷 鑫艺佳利（天津）印刷有限公司
书　　号 ISBN 978-7-5047-7713-3 / F・3440
开　　本 787mm×1092mm　1/16　　版　　次 2022 年 6 月第 1 版
印　　张 8　　印　　次 2022 年 6 月第 1 次印刷
字　　数 170 千字　　定　　价 198.00 元

本期客座总编辑 | 秦朔

出品人 | 刘东华
执行委员会 | 黄丽陆　杨云　史船　陈为　林定忠
总编辑 | 陈为

主编 | 曹雨欣
执行主编 | 王夏苇
首席设计 | 李换
编辑 | 田兴宇　刘靖阳

地址 | 北京市海淀区中关村东路1号院清华科技园创新大厦B座9层（100084）
电话 | 010-62539800

正和岛官方微信 | zhenghedao
正和岛APP | 正和岛
正和岛微博 | @正和岛标准
正和岛网站 | www.zhisland.com

风雷激荡的大海是企业家的宿命

秦朔
人文财经观察家

2022年春天突如其来的奥密克戎，令中国经济遭受了严重打击。《决策之道》（第3辑）是创刊第100辑，这本该是一个庆祝时刻，但面对很可能是改革开放后经济增速最令人忧心的2022年第二季度，我们委实提不起欢庆的情绪。

但我们还是要为每一位企业家、创业者加油，因为你们是中国经济的微观基石，你们的精神就是时代精神中最具活力和韧性的部分。

《决策之道（第3辑）》的主题词是"企业生命周期"，大部分文章都与此有关。比如在"有道"中，我们约请和选择了著名企业家宋志平谈公司治理，咨询专家周掌柜谈重塑企业生命周期需要的极致理性，投资专家王玥谈企业应该拥有什么样的生命周期观；同时，我们还准备了三个案例，一个是连续创业者汪建国的"老兵新传"，谈如何延长企业生命周期，一个是知名律师高鸣飞对日本家族企业对抗危机的一手观察，还有一个是著名投资人单伟建关于并购深陷危机的企业、帮助企业涅槃重生的复盘与感悟。

我们还请田涛先生、宫玉振先生分别从"重新理解企业家精神"和"向军队学打胜仗"的角度，帮助大家体认此时此刻特别需要的一种精神底蕴。

总之，我们希望这些文章能从道理、案例、精神等多个维度，呈现出对企业生命周期的观察与思考，给大家一些借鉴和激励。

欧洲的管理思想大师查尔斯·汉迪在1997年出版的《第二曲线》中，结合生命周期循环的道理，寄望年轻一代跳出舒适区，敢于挑战现状，大胆塑造自己的生活。书中有一个故事：有一次汉迪外出旅行，向一个当地人问路，当地人告诉他，一直往前走，就会看到一个叫Davy的酒吧，在离酒吧还有半里路的地方，往右转，就能到他要去的地方。在指路人离开之后，汉迪才明白，指路人说的话一点用都没有。因为按指路人的话，当自己知道该从哪儿拐的时候，其实已经错过了那个地方。从这一次的经历中，汉迪总结出一个道理："当你知道你该走向何处时，你往往已经没有机会走了。"

世上所有的有机体最终都难逃生命周期的自然规律，都会经历从诞生、成长、成熟、衰退到最后结束的过程。然而，组织可以通过不断创新来延续可持续发展。汉迪认为，如果组织能在第一曲线到达巅峰之前，找到带领企业二次腾飞的第二曲线，并且在第一曲线达到顶点前，让第二曲线开始增长，那么企业永续增长的愿景就能实现。任何一条增长曲线都会达到增长的极限，持续增长的秘密是在第一条曲线消失之前开始一条新的S曲线。

大家对第二曲线的观念应该并不陌生，而我们想强调的是，第二曲线的成功，归根结底取决于企业家寻求自我超越的意志。舒适区不是企业家的宿命，风雷激荡的大海才是。

高尔基在《海燕》中写道：

"这是勇敢的海燕，在怒吼的大海上，在闪电中间，高傲地飞翔；这是胜利的预言家在叫喊：

——让暴风雨来得更猛烈些吧！"

任何困境都是自我超越的机遇。那些杀不死你的，终将使你更强大。

扫描二维码
加入《决策之道》共读会
一起讨论，分享笔记、收获

目录

案例 CASE

有味 CROSSOVER

有料 EXPLORATION

有书 BOOK

有约 ZHISLAND TIME

有声 TRENDS

中国经济转折关头，企业家如何向上走？

秦朔　内部讲话

人文财经观察家

2019年的时候，王兴说："2019年是过去十年最差的一年，却是未来十年最好的一年。"当时我们不太相信，因为回顾历史，像美国从1929年到1933年那样的大萧条，过了几年以后也复苏了。我们都是进化主义者和乐观主义者，企业家尤其如此。

但是现在，看看世界，从特朗普执政之后的美国，到欧洲多数国家、俄罗斯的情况，甚至实事求是地说，包括中国经济也有因为政策调整产生合成谬误的情况，我不免开始思考一个问题：我们习惯于将世界的发展看成螺旋式上升的循环，那么，**有没有可能真的出现水平的停滞，甚至出现向下的循环？在方方面面出现一次包括人的素质、情绪在内的大倒退？**我当然不希望如此，但世界在当下这个局面，由于种种原因是可能倒退的。我们至少要思考这种可能性。

如果不出现这样的倒退，那就意味着世界还会继续进步，这当然是我们所希望的。但是，我们也能明显感到，即使是进步，一定不再是所有地区一起进步、所有行业一起进步、所有公司一起进步，而是会出现严重的结构性分化，这就是所谓的"K形曲线"，一部分向上，另一部分向下。那么，就有了第二个我们要思考的问题：**如果未来出现严重的结构性分化，我们如何避免成为那个向下的部分？**

救民营企业就是救经济

当前的中国经济，正处于一个非常重要的转折关头。

> **经济不能停，中国不会停，这需要全社会更坚定的共识和更坚决的行动。**

虽然在我国的所有制结构中，“两个毫不动摇”（毫不动摇巩固和发展公有制经济，毫不动摇鼓励、支持、引导非公有制经济发展）是我们一直强调和坚持的，但目前如果我们看国家统计局公布的规模以上企业所有制类型的收入和利润，国有控股企业的利润增长无疑是非常快、非常惊人的，而民营企业的利润增长是缓慢的。许多行业面临着诸如节能减碳等方面的压力，主要的被调整对象也是民营企业。

而且，从金融资源的供给角度来看，如贷款评级、贷款额度、贷款期限长短、贷款的易得性等方面，民营企业总体上是不占优势的。据我观察，那些做得特别好的中国民营企业，几乎都是不怎么依赖银行的，或者说千方百计降低对银行的依赖，只是为了跟银行搞好关系，象征性地放一点存款进去。但大部分民营企业不可能做得那么好，它们还需要金融供给，但目前的金融供给明显是不足的。

我们的民营企业已经呈现出“K形分化”。像一些隐形冠军或者“专精特新”企业，行业龙头、有技术和渠道壁垒以及品牌影响力的企业，做绿色低碳经济、科创、半导体、可再生能源等的企业，有很多正面典型，但总体而言，比较多的民营企业特别是中小民营企业和处于被调控行业的民营企业，是比较艰难的。

“屋漏偏逢连夜雨”，新冠病毒变异株奥密克戎疫情暴发的时点，恰逢国际冲突升温、美元加息，又叠加2021年中央经济工作会议提出的“三重压力”，所以从生产、服务到消费、投资、就业，整个经济遭遇了合成冲击。

我个人认为：**为了促进经济的发展，特别是为了解决就业问题，现在的确到了应该关切民营企业成长的历史关键时刻。**

为什么关键？有人可能认为，广大民营企业并没有多么“高精尖”。但是，民营企业代表着很多双“劳动的手”，如果民营企业都不行了，就会变成很多“要吃饭的口”。国有企业、事业单位等机构能解决这么多“要吃饭的口”吗？如果这么多“要吃饭的口”吃不着饭，会不会成为重大隐患呢？所以这就不是一个简单的经济问题了，而是一个社会问题。所以我认为，要从讲政治的角度去关心广大民营企业。

从最近中央和地方出台的一系列政策看，政府已充分意识到经济的严峻性，正努力采取措施，让经济从区域性、阵发性的停摆中走出来，决不让局部的停滞时刻演变成更大范围、更长时间的停滞时期，甚至导向一个停滞的周期。

经济不能停，中国不会停，这需要全社会更坚定的共识和更坚决的行动。

关键时刻，企业家要“命更硬一点”

对于企业家来说，面对这样不确定的内外部环境，只能让自己的命更硬一点。

“命运”这个词，既有“命”，也有“运”。

过去几十年，中国有着各种各样的红利——全球化红利、劳动力红利、工程师红利、城镇化红利等。时代给予的红利比较多，这就是“运”比较好。但“运”不可能一直这么好，随着国内外各种不以人的意志为转移的新情况出现，“运”就可能变了。怎么办？只能靠自己的“命”了，“命”是掌握在自己手里的。那么，在目前的局面下，怎么安身立命呢？

第一，要把家庭、个人的健康与安全放在更重要的地位，时间终究会跟那些身心健康、活得更加长久的人站在一起。在环境波动的时候，我们要给自己减压、赋能、加油，不能被新冠肺炎疫情等外界冲击吓倒。

企业家往往听不到外面究竟是怎么看自己的企业的，必须想办法听到这些声音。

第二，由于不确定性加剧、市场增量不足、内

卷压力越来越大，企业经营还是要追求更高、更强、更好。现在有很多隐形冠军、“专精特新”企业或者产业链里不可或缺的企业，做得还是不错的，悄无声息过着好日子，行业的利润越来越向它们集聚。它们为什么做得那么好？因为它们过去在规划自己的行业位置时，就要求自己的产品成本、性价比、竞争力，打造得比市场上的一般产品不是好30%、50%，而是好5倍甚至更多。有了这样的决心，倒逼自己的企业极大地提升价值，变得更加高精尖、更具竞争力，未来的安全边界才能大大地拓展。企业做得“一般好”，在如今“K形分化”的大趋势下，已经不够安全了，可能会成为“K”向下的那一部分，所以只能去追求更高、更强、更好。

拥有更强的身体素质、精神状态和能量，才能抵抗洪水的冲击。

至于企业投资，不能说已经没有机会了，一定还是有机会的。但是，现在不能急着简单地去投资，而是要先“投智”，做好调查研究，多多思考，追根究底地去学习。

第三，这个阶段，学习是企业家应该重点关注的。学习有几个方面。一是要向行业里真正一流的企业家学习，看看他们到底是怎么做的。很多优秀企业家极其勤奋、敬业，比如刘永行先生，原来是经营饲料的，现在做多晶硅，他就是靠做深做透、追求极致、下大功夫、重视数据，成了多晶硅制造领域的专家。中国各行各业都有一些世界级的企业，我们要去看看它们是怎么做起来的，企业家究竟是强在成本控制，还是强在创新。总之，一定要好好地向高手学习。二是企业家之间也可以互相学习、互相问诊。三是向企业的利益相关方学习，比如刚刚加入公司的新人，比如企业的客户或顾客。企业家往往听不到外面究竟是怎么看自己的企业的，必须要去想办法听到这些声音。

第四，内省也很重要，自己要经常思考问题。巨石集团董事长张毓强先生是1955年出生的，现在每天还要走2万步。集团很多高管问他："张总，每次问你一个问题，你怎么能这么快就回答呢？"他说："我每天走那么长时间的路，我在干什么呢？我在想问题。"这就是自我提问、自我思考，同样也是一种学习。

我想，无论内外部环境怎样变化，**企业家都应该让自己变成学习型的企业家，发自内心地对学习充满热爱**。在学习的过程中，人的境界、情怀能够放大，对抗压力、解决困难的能力都会增强。外面的洪水过去可能离我们很远，但现在它可能已经漫过我们的脚，甚至继续渐渐上升，漫到膝盖了。这个时候，拥有更强的身体素质、精神状态和能量，才能抵抗洪水的冲击。

如果企业家躺平，社会怎么办？

我们常说，企业家要承担风险与不确定性。事实的确如此，但毕竟过去整个中国经济处于上升期，处于资产负债表扩张的黄金周期，风险和不确定性还没有表现得那么突出。然而，近年来国际和国内的种种变局，正启发我们去正确看待风险和不确定性，在艰难的环境里尽到企业家的本分和担当。

面对新冠肺炎疫情，尤其是上海今年春天遭遇的疫情反扑，经历过这样一场苦难之后，企业家群体能否在企业家精神方面多一些思考和升华呢？我想，企业家群体"生于忧患""向苦处行"的精神可能会有所升华。就像高品质的葡萄酒产地的土壤往往都特别贫瘠，因为用来酿酒的葡萄都生长在贫瘠的土壤里，葡萄藤的根脉要尽量向地下延伸，尽量加大根脉和土壤的接触面积去吸收水分，去汲取大地深处的矿物质，如此才能长出优质的葡萄，酿出上好的美酒。同理，疫情之下的艰苦、挫败，甚至

疫情之下的艰苦、挫败，甚至九死一生的经历和感悟，我相信会让企业家精神有所升华。

九死一生的经历和感悟，我相信会让企业家精神有所升华。

我还想起，1974年顾准在临终前对吴敬琏说："中国的'神武景气'[①]是一定会到来的，但是什么时候到来不知道，所以，我送给你四个字——待机守时。还是要继续我们的研究工作。为了抓住这样的机会，中国人必须有自己的理论思维。总有一天情况会发生变化。那时，要能拿得出东西来报效国家。"这个片段让我很受触动。

"天下兴亡，匹夫有责"，是受惠于改革开放的我们这一代人理所应有的担当。

跟普通人不一样，企业家承担了很大的社会责任，也因此，企业家就是要具备真正的英雄主义。有很多事情，企业家可能确实改变不了，但对于自己还是要负起责任的，对于周边能够改变的一些事情，还是要负起责任的——要尽可能地讲一些有意义的话，做一些对社会有推动作用的事。如果企业家都躺平了，不想动了，那我想不出真正使社会向上的动力将从何而来。

所以，我认为企业家没有躺平的权利，面对未来还是要拿出英雄主义的气概，在复杂多变的环境下展现出企业家的担当，通过生产的创新来实现自我的成长和对社会的贡献。同时，我也希望政府、社会相信市场，尊重规律，相信人性，为民营企业创造更好的环境。

这个社会的变迁可能是无法改变的，也许会有结构性的变化出现，但我希望它是螺旋式地上升，而不是盘旋甚至螺旋式地下降。身为企业家，在此关口更应该成为向上发展的力量，而不是甘做向下沉沦的力量。

我们从根本上都是市场经济的"信徒"，我们

① 1955—1957年，日本出现第二次世界大战后的第一次经济发展高潮，日本经济不仅完全从战争中复兴，而且进入积极建立独立经济的新阶段。日本人把这个神话般的繁荣称为"神武景气"，"神武"取自日本神话传说中的第一位人间天皇的名号。

看过那么多活生生的案例，它们用事实教育我们，让我们由衷地相信：人内在的改变命运的冲动，一旦经由好的机制迸发出来，整个国家的未来就是无可限量的。“难得糊涂”不是我们能够选择的；“天下兴亡，匹夫有责”，是受惠于改革开放的我们这一代人理所应有的担当。

整理自正和岛总编辑陈为与秦朔
关于“企业家如何面对危机与周期”的对话、
秦朔在正和岛守“沪”战疫线上暖心会的主题演讲等
编辑：王夏苇

扫描二维码，关注微信公众号“秦朔朋友圈”，
阅读秦朔更多精彩文章

熬过去！商业的进步不可阻挡

吴晓波 内部讲话

财经作家

关于如何理解和应对经济周期，关于企业如何在多重冲击和考验下走出困境，我来谈谈自己的想法。

为什么企业家无所适从？

从做企业的角度来讲，周期是天。一般来说，企业面临的主要是三个周期：

一是宏观经济的波动周期，比如经济过冷，经济过热，国家的货币政策、信贷政策等宏观的波动周期。

二是产业周期，比如技术变革、商业模式变革，会带来产业的变革周期。

三是企业自身的周期，比如企业是创业公司还是上市公司，创建二三十年后企业内部的管理迭代、组织变革等。

从纯粹意义上说，无论是顺周期还是逆周期，企业家只要盯着这三个周期进行调整就可以了。但是，今天做企业，有两件事对周期形成了带有很强不确定性的巨大干扰。

第一件事是外部因素，比如2018年中美发生贸易摩擦以来，特别是2022年的国际冲突因素抬头之后，国际环境呈现出逆全球化。

第二件事是内部因素，特别是企业遭遇政策不确定性的干预。

企业面临的三大周期，以及外部的国际局势波动、内部的政策不确定性，给企业家的信心和预期带来了巨大干扰，让企业家往往无所适从。

从做企业的角度来讲，周期是天。

熬到冬天过去，不要存有幻想

大家知道，经营企业重在两件事：第一，有没有信心；第二，有没有预期。如果有信心、有预期，企业家就敢于投资、扩张市场；反之，企业就陷入停滞。当一个人对未来的所有判断都建立在不确定性的基础上时，所谓正常的产业周期也好，技术周期也罢，都会沦为没有意义的讨论。

所以，今天最大的问题、最大的困难，就在于“信心和预期的不确定”。我个人认为，最近一段时间可能是近二十年来最困难的时候。对于企业而言，现在有两件事特别重要。

第一件事是坚守本业。这个寒冬会有很多企业消失。在市场预期不确定、经济下滑之后，市场上不需要那么多商品了，100家企业里，可能有50家会消失。那么，这时候我们应该问问自己，能不能成为最后幸存下来的50家之一。

当前是不适合冒险甚至不适合创新的，所以千万不要跑到陌生的市场中去。你原来是开理发店的，那就好好开，千万别说理发店开不下去了，开个火锅店试试，可能“死”得更快。

第二件事是善待员工。哪怕企业迫不得已裁员了，1000个员工裁掉了600个。对于被裁掉的人，企业也应该好好写一封感谢信给他们，感谢他们为企业付出过；对于留下来的人，更要好好地善待他们。

做企业就两个核心：一是业务的基本盘；二是为业务创造基本盘的那些人。所以，企业家要坚守本业、善待员工，熬过这个冬天，不要存有任何幻想。

中国会像一条龙一样，永远不倒

2010年的时候，我曾经帮吴敬琏吴老写书，大概有半年时间，我跟吴老的接触比较多，阅读了他大量著作。

吴老在学术生涯中经历过许多争论、坎坷、不如意、被误解，但他一直埋头做自己的事情、坚守自己的立场。更难能可贵的是，改革开放时，他已经48岁了，我们在48岁时可能会觉得人生尘埃落定了，但他真正的人生在48岁时才刚刚开始。

这段经历给了我很大的触动，对我的学术研究和人生态度有很大影响。我想到，人的一生中其实都会碰到各种各样的困难、不如意，那么，最重要的是什么？我的答案是：**要保持一种理想主义的姿态，保持一种专业的精神。**

我甚至会觉得，自己很幸运地处在一个特别好的时代。

为什么？因为产业、经济、商业文明等，每天都在给我提供很多新的案例、新的争论、新的可能性和课题。当这些新鲜的问题和时代的困局不断推动我往前走时，我就不得不进步。所以，我觉得自己还能够每天一点点地往前走，实际上是被背后巨大的鞭子不断地驱赶着。

最近也有很多企业家朋友问我：还要不要干了？是不是到了撂挑子的时候？

我想，如果回顾历史，你就会发现，中国是个跨越几千年的大一统国家，经常会面临种种困难和困局，但就像一条龙一样，永远不会倒下。

中国有一个庞大的内需市场，人民非常勤奋、聪明，非常愿意把自己的生命投入到商业等世俗生活的过程中，也非常乐于享受，所以中国是一个非常适合创业、特别适合实现商业繁荣的国家。

企业家要坚守本业、善待员工，熬过这个冬天，不要存有任何幻想。

在某些时间段，中国可能会受到一些外部影

中国是个跨越几千年的大一统国家，经常会面临种种困难和困局，但就像一条龙一样，永远不会倒下。

响，也可能会受到一些内部干扰，但从长期来看，这个国家的商业进步是很难被遏制的。除非发生像战争等重大崩溃性事件，否则大概率来讲，她还是处在不断进步的过程中。

所以，即使大家可能不太愿意听到"煎熬"这个词，但其实我们现在可能就处在煎熬的过程中，活在煎熬里。

"煎"是一个运动的过程，"熬"是一个静止、被动的过程。我们希望在煎熬过后，能够看清一些东西，然后改变一些东西，那么，对我们来讲，经历这场煎熬，我们所付出的代价也就有了价值。

整理自正和岛总编辑陈为与吴晓波关于
"企业家如何面对危机与周期"的访谈对话
编辑：王夏苇

兴与衰的变迁，在历史上反复重演

瑞·达利欧 口述

桥水基金创始人

我们身处一个怎样的时代？国际局势和经济环境波谲云诡，我们如何理解并面对？全世界规模最大的对冲基金——桥水基金的创始人瑞·达利欧在新著《原则：应对变化中的世界秩序》中，以历史的视野透视了国家的兴衰、周期的起伏。他对中国进行了长达30余年的关注与思考，其审慎、中肯的结论，更值得当下的我们认真聆听。

人性不变，周期不断重现

在过去几年中，我看到了三个大的变化。这些变化在我的一生中没有出现过，但是在历史上出现过很多次。

第一，大量债务被创造出来，以及为了给这些债务提供资金支持，大量货币得以发行。最重要的是，在世界上最主要的储备货币的发行状况方面，我们只有回到20世纪30年代，才会发现与当今相似的情况。

第二，各国爆发了大量社会和政治冲突。这些冲突的根源是自20世纪30年代以来全世界最大的贫富差距，尤其是美国的贫富差距影响重大。

第三，大国崛起，即中国的崛起。中国的崛起挑战了现有的世界领先大国，上一次发生这种情况实际上也是在20世纪30年代。

对这些现象的观察，促使我去研究过去500年里世界主要大国与储备货币的兴衰，以及自唐朝以来中国的各个朝代。历史研究让我眼界大开，因为我看到同样的事情一而再、再而三地在上演。这些事情背后的因果关系都一样：人性不会改变，这是最重要的。

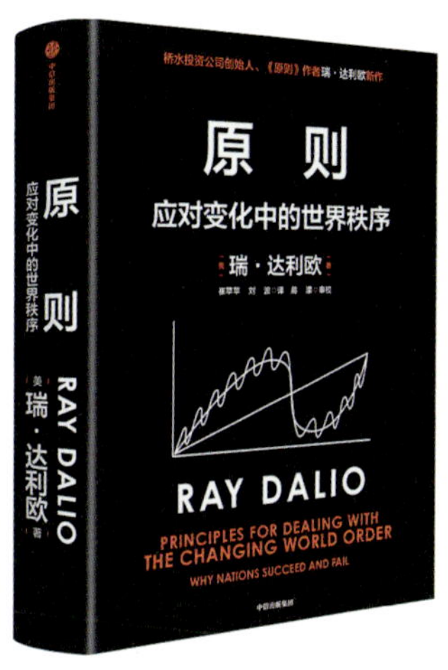

《原则：应对变化中的世界秩序》
[美] 瑞·达利欧 著

中信出版社
2022年1月

现在，我们能看到世界上最大的几样变化，这些变化发生的原因是人和人之间关系的变化，这样的周期随着时间推移也不断重现。

国家兴衰的周期是怎样形成的

世界上存在着秩序，即新的系统。秩序来自战争，所以总有战争发生，人们为建立系统而战。现行世界秩序是在1945年发生变化的，那是第二次世界大战结束时，当时的战胜国开始制定游戏规则。中国的国内秩序是在1949年发生了变化。

当新秩序建立时，一般来说都会先有一些斗争，之后开始一段繁荣与和平的时期，因为没有人会再对抗已经占据主导地位的力量了。而且，战争是大规模的平衡器，可以将旧的债务抹去，又使人均收入趋同。

在接下来的很多年中，一般来说会有50年左右，和平与繁荣的程度不断提升，经济不断增长，但也有变化发生：例如财富差距和机会差距会变得更大，因为繁荣和机会的分布都是不公平的；另外还会出现债务水平上升，因为人们借了更多的钱，一个人的债务就是另一个人的资产，所以我们会看到债务水平不断上升，这一点在拥有领先的世界储备货币的国家中尤为明显。

一个有趣的现象是：富国向穷国借钱。当中国最初借钱给美国时，美国人均收入约为中国人均收入的40倍，但美国还是向中国借钱。这是因为，如果一个国家有储备货币，那这个国家就有了借债和过度负债的能力。随着这一进程的推进，贫富差距会不断扩大。

我们也知道，世界上是有竞争的。领先的大国会面临更多竞争，新进入者的成本更低，能赚更多的钱，所以美国和中国就形成了很典型的关系：中国把钱借给美国，美国从中国买商品，随着时间推移，中国在很多领域变成美国的竞争对手，经济冲突随之产生。

当然，随着各国进一步全球化，它们会将自己的货币带到全球市场上，也会增强军事力量来保护自己的供应链。所以，这些国家的军事实力会增强，教育实力会增强，强国的比较优势随之日趋下降。

有时候，有的国家做得有点过分，借太多钱，就会进入典型的国家衰落周期——国家的开支高于收入，政府的钱越来越少，不得不印更多的钱。历史上这种情况一直在发生，例如在古罗马，政府铸造金币时放的黄金越来越少。所以，**在贫富差距悬殊时，我们总会看到大量印钞，围绕价值观和金钱展开的冲突开始增加。**

人性不会改变，这是最重要的。

同时，这些时期往往也会发生自然灾害，甚至人的智力也会衰败——富三代往往不如富一代那样强大，他们通常会被宠坏、不够坚强。由此会发生内部竞争和外部竞争，问题在于，竞争会不会导致战争。国内战争或者说内战，挑战的是国内秩序；外部战争是挑战已有的世界秩序。这就是周期的过程。

我们可以观察到一个国家到底有多强大，国民教育、财务状况如何。如果一个国家原本在国内、国际两方面都非常强盛，那当它自身削弱时，就会在国内和国际两方面遇到挑战。所以，如果一个国家经济下行、出现财政问题、遭遇内部和外部冲突，就意味着新的世界秩序或国内秩序正在形成。所以，现在大家可以看看我们处在周期的哪个阶段，也可以从国家兴衰周期中得到一个教训：**我们一定要保持强健。**

尽力避免战争，双赢好过双输

如今，新冠肺炎疫情影响下的世界局势和1929

年到1945年的世界局势非常相似，即一个经济繁荣、经济萧条、陷入战争的周期。我来解释一下，为什么我认为这两个阶段是可以比较的。

在20世纪20年代，经济一度非常繁荣，但主要是靠借债推高生产率和产出，后来泡沫就生成了。泡沫总要破灭，便出现了零利率，美国是这样，全世界都是这样。一旦到了零利率时代，就意味着政府要开印钞机印钞。所以，在1933年3月，美元和黄金脱钩，这影响了全世界，例如日本，因为之前日本是受益于世界经济发展的。日本在1931年开始入侵中国——它要靠扩张来摆脱经济危机。

当时，世界各国的经济困难普遍导致了政治上的巨大变化、左派和右派的冲突。4个国家选择成为高度专制国家，就是因为国内矛盾重重，包括德国、西班牙、日本和意大利。也就是说，经济泡沫导致经济萧条、国内冲突，进而引发世界大战，这样的历史规律一再上演。当时的情景跟现在的很像：我们也经历了泡沫，有很多债务，出现了负利率，很多国家都在印钱，内部矛盾很多，国际冲突也很多。

所以，我认为从1929—1945年的历史中，我们可以吸取的教训如下：**战争，无论内战还是外部战争，总是很可怕的。任何一个人如果想要通过打仗来解决问题，最后都会后悔。**我们要尽力避免这样的历史重现，双赢关系总是好过双输关系。但是，要获得双赢，就意味着双方都要克制，为此又要回到一个基本点上——保持财务状况健康，量入为出，不要债台高筑。国与国之间也要有平等的机会，而且要善于妥协、善于共事协商，从而打造双赢关系，这样的话，战争也许就可以避免了。

双赢关系
总是好过双输关系。

持有货币，更要认识货币

货币是一种交易媒介，是一种财富的储存手

段，货币就是债。你手头持有一些货币，其实是持有一些以这种货币定价的债。在货币体系当中，政府是可以通过印钞来还债的。所以，如果你把货币作为资产持有，政府可以给你很多货币，实际上这些货币是会贬值的。**世界总要经历一个周期，即人们对货币信心的周期。**

你手头持有一些货币，其实是持有一些以这种货币定价的债。

现在，很多人、很多国家都持有很多以货币计价的"债权"，但回报率很低，而且政府还想印更多的钱，因为它们想要花更多的钱……如果它们限制了货币的总量，就不得不从其他人手中拿钱来花，这在政治上是难以操作的。

不妨思考一下，人们持有数以万亿计的货币"债权"，并且相信可以将其卖掉，然后去买东西。但实际上，他们永远都没有办法真正做到这一点，即使真的做到这一点，政府又会印更多的钱……

所以，从财务的角度来说，这个过程中存在一些很重要的问题：我们交换的到底是什么？各国之间存在的财富储存手段到底是什么？目前国际通行的货币是美元，我们习惯于此，但也能看到巨大的变化正在发生。这一变化的部分原因是美元印得太多，另外的原因也有美元的武器化、货币的武器化等。在世界发展的过程中，我们需要不断思考什么是货币，这个概念在未来将有变化，这也意味着资本市场以及经济的巨大变化。

摘编自微信公众号"吴晓波频道"

编辑：王夏苇

最爱大风起，骤然摧残枝。冈上有所待，山雨欲来时。

插画摘自 @ 老树画画

有道 BUSINESS

要永续经营，治理问题是命根子

宋志平 撰稿

中国上市公司协会会长、
中国企业改革与发展研究会会长

世间万物，大抵都有成败兴衰，企业亦不例外。然而总有一些优秀的企业，能够横渡经济的热浪与寒流，穿越大势起落的周期，其间的奥秘何在？

曾一手带出2家世界500强央企的宋志平认为，优秀企业的根基在于优秀的企业治理，筑牢根基方能行稳致远。这篇文章为企业一把手提供了独特的视角：企业从管理走向治理，才能更好地穿越周期。

现实中，一些公司领导人往往习惯做管理层面的工作，忽视了在治理层面应该主抓的工作。实际上，管理是代替不了治理的。公司经营发展的过程，相当于设计和建造大楼的过程，治理做得好，大楼就能盖得高；治理做得不好，大楼就很容易倒塌。

管理是以降低成本、提高效率和效益为目的，其要素是质量、服务、价格；治理是以防范风险、提升公司价值为目的，其要素是绩效和公司价值。管理主要强调管理层的内部控制；治理主要讲的是投资者和经营者、决策层和执行层的行权规则。

公司领导人在做好管理的同时，还要学会在治理上下功夫，不能简单地将治理看成限制管理层、控股股东的权利，要看到它会让公司更规范且稳健地发展，在关键时刻还能保护你。

尊重公司独立性，避免一股独大

在公司治理中，最重要的是什么？那就是公司的独立

性。我们创立一家公司，一定要知道这家公司是独立的，这里的“独立”指的是什么？那就是法人财产权独立。公司一经注册，就应是企业法人，拥有独立的法人财产，享有法人财产权。公司以它的全部财产对自身的债务、法律诉讼承担责任，从这个意义上说，公司是独立的。虽然股东出资注册了公司，但是公司不完全归股东所有，股东的意志是通过股东会选举董事会和依法派驻董事来实现的。现实中，我们一定要清楚独立性对公司的意义。

说到底，公司其实是社会的，即便是老板，也只是股东，可以享受股东的权利而已。甚至从现代治理的视角来看，所有者与经营者、决策者与执行者是可以分离的。股东不得侵害公司利益，这应该是共识。一些公司的领导人觉得公司是自己的，应该自己说了算；但即便是你的全资公司，你也不能侵害公司的利益。

在上市公司里，我们应该怎么做？控股股东、实际控制人与上市公司应当实行人员、资产、财务分开，机构和业务独立，独立核算，独立承担责任和风险，即要求“三分开，两独立”。我们一定要知道股东的责权利都是有限的，一定要把其中的界限分清楚，独立进行经营。投资者一定要知道自己投资的公司是独立的，尊重自己所投资公司的独立性，尤其是集团公司和所投资的上市公司之间的关系要清清爽爽。

公司治理中的一个重点是防止内部人控制。这里通常有两种倾向：美国上市公司由于股权高度分散，大多数第一大股东只持有2%~3%的股份，所以美国上市公司的内部人控制是指公司被管理层控制，公司治理的重点是要尊重股东的利益，听到股东的声音。中国上市公司的第一大股东的平均股份份额在40%以上，导致一些上市公司容易被大股东控制，中小股东尤其是散户股东的利益得不到尊

即便是你的全资公司，你也不能侵害公司的利益。

《三精管理》
宋志平 著
机械工业出版社
2022年4月

重，也听不到小股东的声音，所以中国上市公司的内部人控制是指公司被控股股东控制，公司治理的重点是要保护中小股东的利益。

如何解决一股独大的问题呢？不管是国有企业还是民营企业，都要认真思考。

这么多年来我的经验是，尽量在股本结构设计里多引入一两个持股5%及以上的积极股东，即二股东、三股东，他们在董事会里有席位，就能构建一个多元化的董事会。好处是什么？这使公司经营更加公开、透明、科学，避免一股独大。

股份制的核心是多元化。现代产权制度已经证明，无论是国有企业还是民营企业，拥有多元化股东的企业要比单一股东的企业经营得好。也就是说，单纯的国有企业和单纯的家族企业，在经营上一般不及多元化的股份公司。所以，企业必须引入积极股东。

20年前我曾在瑞士考察了全球水泥行业龙头霍尔希姆公司，他们的董事会让我特别惊讶：11位董事里没有一位是家族成员，包括董事会主席在内，全部都是职业经理人。他们的家族成员并不担心大权旁落，因为在他们看来，公司更好地经营和运作才是根本，家族成员只是股东，谁说了算、谁发号施令没那么重要。

伟大的公司需要伟大的董事会

董事会是公司的大脑，是独立做决策的。美国学者鲍勃·加勒特用“鱼从头烂”这个谚语，强调“组织健康的关键在于有一个考虑周到、尽职尽责的董事会作为公司的核心”。董事会建设是公司治理的一个核心问题。伟大的公司需要伟大的董事会，公司有没有一个好的董事会是非常关键的。

董事会也要有一定的独立性。作为股东会的信托组织，董事会是公司的领导层和决策层，是公司决胜市场的战略性力量。董事会代表谁的利益？一般认为董事会是经过股东会选举产生的，当然要代表股东会的利益，而经济合作与发展组织（OECD）的《经合组织公司治理原则》认为，董事会要代表公司的利益，股东利益和公司的利益有时是一致的，有时是不一致的。所以在西方，董事会的董事可能由股东会选举产生，也可能由股东推荐，但是一经选举成为董事，则要求董事会是独立的，要代表公司的利益，要对公司负责，股东会不能操纵董事会。

这又是很难理解的事。董事是股东推荐派出的，最后还不听股东的话，这怎么能行呢？实际上，股东不可能去做决策，做决策的不可能去经营，所以股东会委托董事会，董事会委托经理层，就是“两分开”：把投资者和经营者分开，把决策者和执行者也分开。但是，企业往往做不到“两分开”，如果股东会和董事会什么都管到底，就会是个大问题。

今天的董事会堪称引导公司前进的战略性力量，对公司的经营发展负有主要责任。如果公司做不好，那就要解散董事会；总经理做不好，有时董事会可能也有责任，因为董事会要选择好经理层的班子成员并指导经理层的工作。授权给总经理，并不意味着免责。这就是西方人讲的委托代理制度。什么叫委托代理？就是股东自己不经营公司，而是委托董事会；董事会也不直接管理公司，而是委托经理层。委托代理如果做得好，就会降低交易成本；如果做得不好，反而会增加交易成本。董事必须在公司发展和减少风险这个两难选择中做出平衡，为公司发展创造价值。通过一个错误的决定和否决一个正确的决定，董事同样都负有责任。否决一个正确的决定可能责任更大，因为使公司错失了长远发展的机会。

所有的决策归根结底都与价值观有关。

回忆起来，我在中国建材和国药集团做董事长的18年，做的重大决策基本上都是对的。能做成事，

以前，股东利益比较受重视；今后，要兼顾股东、经营者、劳动者的利益。

有两点很重要。一是认真寻找规律，按照规律去做，做正确的事，正确的选择越不过规律的边界。二是商业向善，所做的事要考虑社会、员工以及其他各相关方的利益，如果总想着坑别人、损人利己，是行不通的。所有的决策归根结底都与价值观有关，也就是说，它们都是在价值观驱动下进行的决策。

共享机制：分好钱才能有更多的钱

在公司里，激励机制、分配制度等内部机制也都属于公司治理的重要内容。好的公司要有好的内部机制。什么叫机制？就是公司的效益和经营者、技术骨干、员工利益之间的正相关关系。公司的效益好了，经营者、技术骨干、员工的利益就会增加，这就是正相关关系，就有机制；若不存在正相关关系，就没有机制。以前，股东利益比较受重视；今后，要兼顾股东、经营者、劳动者的利益。

机制也不是新东西。清朝的晋商就设立了一种机制：银股和身股。银股就是东家、金融投资者（金融资本），身股就是经营者，包括掌柜、账房先生和伙计。到了年底分红，东家分50%，掌柜、账房先生分25%，伙计分25%。这种分配机制让一大批优秀的晋商繁荣壮大，平遥票号当年就是这么做起来的。

今天，任何企业都存在着机制问题，国有企业的机制要改革，民营企业虽然有天然的机制基因，但并不是每个民营企业都有好的机制。这里有两个关键点：一是所有者的开明，二是机制的科学有效。设计一套好的机制是不容易的。

华为的成功靠什么？有两点很关键，就是企业家精神和“财散人聚”的机制，这是倒逼出来的。华为当年很困难，没钱发工资，打白条给员工，很多人认为任正非做不下去。最后怎么办呢？任正非的父亲建议与其这样，不如把股权分一分，结果增强了公司的凝聚力，华为走出了困境，迅速发展壮大。今天任正非只有极少的股权，华为在重压下能众志成城，这个全员持股的机制起了大作用。

总的来看，我们讲的企业改革和机制改革，最后的落脚点是机制的创新，还得依靠管理人员、技术人员和员工等，他们得有积极性。机制创新并不神秘，如果企业有好的机制，能算清账了，要做的事就行得通。正如任正非所言，华为发展靠的是“认同，分钱”这四个字。“认同”，即进了华为就要认同华为的文化，认同任正非的这套思想；“分钱”，即要有分钱的机制，分好钱才能有更多的钱，如果分不好钱后面可能就没钱了。企业的核心是能不能分好钱，能不能处理好利益关系。如果利益关系处理不好，企业最后就赚不到钱；如果利益关系处理好了，企业就能赚更多的钱，优秀的员工就会来，还不会走，最后还会有好的客户，所以分好钱很重要。

不管国有企业还是民营企业，谁能破解机制的难题，谁能有好的机制，谁就能发展得快、发展得好。一般而言，企业要注重两件事：一是精神和文化，二是物质和机制。如果企业在文化上有欠缺，就要在文化上下功夫；如果企业在机制上有欠缺，就要在机制上下功夫。

企业需要赚钱，但是赚钱只是目的之一，企业的最终目的应该是让社会更美好。今天，我们的企业要找到一种好的机制，必须兼顾效率和公平，实现利益相关者的共赢。共享机制是深层次的，也是这个时代所需要的，真正能激发大家奋斗的东西。企业要开明，把创造的一部分财富分配给员工，使企业成为一个社会、股东、员工的利益共享平台。

不管国有企业还是民营企业，谁能破解机制的难题，谁能有好的机制，谁就能发展得快、发展得好。

越是承担社会责任的企业发展越好

在40年的企业生涯中，我始终认为，企业不能

对上市公司来讲，良好的社会责任和社会效益也可以提高企业价值，得到广大股民的喜爱。

只重视经济指标、财务指标，还应该重视社会效益和社会责任。尤其是企业家，应该把社会责任放在第一位。当然，企业的财务指标也非常重要，只有好的财务指标才能持续支持企业履行社会责任；同时，良好的社会责任和社会效益反过来也能支持企业正确地经营、持续地发展，进而增加经济效益。对上市公司来讲，良好的社会责任和社会效益也可以提高企业价值，得到广大股民的喜爱。

就企业的经济责任而言，可以通过资产负债表、现金流量表、利润表和其他财务指标来衡量。那么，企业的社会责任、社会效益有没有一个评价指标呢？我们已经探索了多年，经历了从CSR（企业社会责任）到ESG（环境、社会和公司治理）的演变过程，使企业的社会责任可以量化。

ESG是可持续发展理念在企业微观层面的具体反映，是对上市公司的综合评价，也体现了从环境、社会和公司治理三个方面对上市公司可持续发展及长期投资价值进行评价的重要衡量维度。ESG的意义很大，投资者对此会特别关注，只有良好的财务报告而没有良好的ESG报告的企业不是好企业，只有财务报告和ESG报告均优秀的企业才是好企业。

相比CSR，ESG的最大区别是什么？就是增加了公司治理的衡量维度。公司治理有深层次的文化背景，过去企业注重管理，现在要注重从管理到治理。公司是一个独立的市场竞争主体，不能仅依靠上级管理，还要使公司规范的治理机制发挥作用，所以必须加强公司治理。进一步提升中国上市公司治理水平，是我们要努力做的工作。

综编自宋志平新著《三精管理》

及正和岛总编辑陈为与宋志平的相关访谈

编辑：王夏苇

延伸阅读：渡过难关，我给企业家三个建议

早些年，我们讲得比较多的是智商和情商，最近这几年我有一个明显感受：身处的环境其实越来越考验一个人的逆商了，也就是应对挫折和困境的能力。

对于企业家而言，逆商是一个非常重要的特征，大企业家里有谁没经历过困难呢？任正非、曹德旺不都是从困境中一步步走出来的吗？经常也有人问我：宋总，你遇没遇到过困难？我说，我一年遇到几个小困难，几年遇到一个大困难。企业家就是在克服困难中走过来的，没有困难要你干什么呢？

当下确实是一个很考验人的时刻，国内经济下行压力加大，国际形势也不容乐观，再加上反反复复的新冠肺炎疫情，可以说，这是中国企业这么多年来遇到的最困难的一年了，但再苦再难，路还是要往前走的，我觉得有这样三件事是现在需要做好的。

一是调整心态。我们一直讲信心比黄金还重要，当前的困难是客观存在的，无论你多悲观也改变不了这一点，还不如充满信心去应对。

二是掌握方法。仅仅有信心是不够的，我们还要有方法，要去探讨和摸索克服困难的方法，比如在基础管理、创新转型以及机制改革方面到底该怎么做。当前的大形势可能是我们无法左右的，但在大形势下创造一个属于自己的小环境，然后积极主动地去争取机会，还是非常必要的。

三是研究政策。国家的大政方针必须第一时间了解，里面往往藏着大机遇，比如我们现在要拉动经济增长，基建就是一个很重要的抓手，其中的一些机会就很值得关注。

我在新书《三精管理》里说了一句话："能发现黑天鹅的人是聪明人，能发现灰犀牛的人是理性人，认为未来充满不确定的人是老实人。"其实，真正的黑天鹅是预测不到的，能预测到的那叫白天鹅。这些年观察下来，我有一个发现，就是每当经济出现压力时，能预测的人就纷纷冒出来了，尤其是悲观派的经济学家开始大行其道，有人看到"黑天鹅飞舞"，有人看到"灰犀

牛狂奔”。

对做企业的人来说，**这些预测要不要听呢？我认为可以听，但要适度听，因为你不能每天都活在所谓的预测里，你总得做事，总有自己的一亩三分地要种**。

未来充满不确定性，我们只能去实践、去亲身探索，没有什么救世主，也没有人能真正告诉我们究竟该怎么做，能告诉我们答案的还是基本的常识和常理，但这需要我们自己去摸索。所以，我不太建议企业家每天都支棱着耳朵听各种分析和预测，扎扎实实地去做，比什么都重要。

最后，在这样的环境下，我还想给大家分享几条人生的经验。

第一，要有一个好的事业、好的工作。什么是好工作？就是能让人身心合一的工作，甚至在工作时也并不觉得自己是在工作，而是每天睁开眼睛就想去做，做起来就感到很开心。这些年我就是这么过来的，有人问我为什么工作，为什么负那么多责任，其实没有太多的原因，就是自己喜欢，乐在其中。

第二，要有一个幸福的家庭和健康的身体。这一点也很重要，尤其是企业家都很辛苦，有健康的身体才能更好地工作。前几天我见了王石先生，我觉得他就是企业家中的健将，70岁了还在坚持跑步、攀岩，身体锻炼得很好。

第三，要有一个善始善终的人生。做人做事要尽心尽力，善始善终，这世上大多数失败不是因为不够努力，而是少了些善始善终的精神，最后浅尝辄止、半途而废。

选择一个好工作，拥有一个幸福的家庭和健康的身体，过一个有始有终的人生，我觉得这是人生正路的方向所在。

摘编自正和岛总编辑陈为与宋志平的深度访谈

编辑：王夏苇

扫描二维码，阅读访谈全文

重塑企业生命周期需要极致理性

周掌柜 独家撰稿

知名商业战略专家、
“周掌柜矩阵”战略咨询模型发明人

此刻的中国企业界可以用三个词形容：哀鸿遍野、噤若寒蝉、草木皆兵。这是三个实事求是的判断。即使没有这三个基本面判断，企业家“如履薄冰、战战兢兢”也应该是一种常态。

作为战略顾问，一方面，我们此刻倾向于站在企业家的角度感受外界变化且以同理心思考。另一方面，从第三方视角的价值贡献出发，我们又必须基于更大的历史周期维度和科学管理的要求，摒弃情绪的影响。悲观并不可怕，可怕的是情绪主导认知，一定要从悲观中找到乐观反而是更可怕的逻辑陷阱，这一行为本身也没有超越情绪。周掌柜战略咨询顾问希望用大颗粒度、大周期分析、超越主观情绪的方式和企业家进行一场“极致理性”的对话。

本质上看，企业家是社会增量价值的创造者，也是文明进化的核心引擎；企业家是探索星辰大海的驱动者，而不是火箭发射成败的旁观者，所以眼前的经济低迷和不如意反而应该体现这个群体的使命及担当之所在。这个时候不需要“哀兵必胜”，也不需要“精神胜利法”，唯一的目标就是让企业生命周期永续，让抗周期之策落地。

从大历史视角看宏观周期

重塑企业生命周期，首先需要超越悲观和乐观去看周期、看本质、看应变，最终形成战略管理的工具方法。

面对当前的悲观情绪，我们可以回忆一下过去中国经济成就的根本逻辑。过去40年，中国的“洼地优势”带来了超常规发展，这一发展在人类文明发展史上极具代表性，

企业家是探索星辰大海的驱动者，而不是火箭发射成败的旁观者。

但不见得是常态。

“洼地优势”是中国经济的宏观战略大逻辑，是我们通过制度特质和一定优势，创造、聚集了全世界的资本、人才、技术等各种要素的条件，客观上形成了一定程度的权利洼地、监管洼地，且政府通过税收让渡给企业和企业家更多的财富分配权。对于这一基本判断，有欧洲、美国、日本投资经验的企业家应该会很有感触。

改革开放后，“洼地优势”使得全球产业巨头将大量产业链和就业机会转移到中国，创造了经济快速发展的基础条件，“拿来主义、实用主义、理想主义”的融合也带来了前所未有的重商主义激情。**但我们必须意识到，“洼地优势”不可能永远存在，**会被填平，回归增长常态。从国际政治角度看，如果中国或其他新兴经济体的发展吸收了世界的资源和机会，必然导致一些国家受影响的民众选出更有民族主义倾向的领导人驱动再平衡。而且，中国的经济发展也带来了贫富差距等多种不平衡，效率和公平的逻辑也必然趋向再平衡。

这个改变的过程对微观的企业个体会产生巨大的震动，何况具体落地的方法是否得当、权衡是否准确都是问号，可能存在很多执行中的问题。这就提醒企业家需要以同理心理解政府制定政策的出发点，并不会出现“为了打压而打压”的情况。

随着“洼地优势”被填平，社会会进入一个全新的再平衡阶段。我们在参与客户的宏观战略研究中提出了**“三个再平衡”理论，顾名思义，就是从“再平衡”的视角解构目前全球性的动荡和商业风险，进而形成企业家的理性认知基础。**

历史规律告诉我们：每个时代留给企业家高歌猛进赚钱的时间周期都不会太长，这是社会周期、经济周期、企业周期三者的震荡关系使然。在巨变的大环境下，我们不能认为所有的东西达到极致完美才是常态，高歌猛进的时代注定短于抗周期艰难进化的时期，企业家需要**动态平衡地看待外部环境和企业自身发展，应当把过去基于“高速发展”的逻辑向“抗周期发展”的逻辑调整，形成企业发展的再平衡。**

当前国际国内环境纷繁错乱，实际上是三个维度的“再平衡”动能在潜移默化发挥作用：

第一个“再平衡”是传统工业国与以中国为代表的世界工厂的力量再平衡。前面提到，中国的发展客观上为世界经济做了加法，但“东升西降”带来了西方再次工业化的再平衡需求。对于中国的很多全球化公司而言，超越政治来思考政策变化是必需的思维素质，如此才能在动荡的全球政治格局中通过遵从法律达到相对稳定的公司发展状态。

第二个“再平衡”是国内计划经济部门和市场经济部门的再平衡。我们内部的发展周期也存在诸多不可持续因素，遇到瓶颈和挑战后进行重构是必然的，带来一定程度的混乱也是必然的，混乱影响企业家信心也是正常逻辑的结果。我们无须过度悲观，只需管控好预期。

中国企业家群体在改革开放40多年里，一多半时间都是引领舆论并站在荣光的舞台之上，这注定不是常态，我们需要对此有足够的心理准备。创造社会财富和价值是光荣的，但成为巨大财富的拥有者在全世界任何地方都会被挑战。

第三个“再平衡”是企业发展从竞争力逻辑到文明逻辑的再平衡。文明逻辑主要包含更健康、更长久、更抗周期这三个要素；简单追求竞争力的野蛮生长，长期来看肯定需要再平衡。

什么是竞争力？实际上就是极致的比较优势的沉淀，有时甚至是丛林法则的结果。改革开放40多年，绝大多数企业都是从激烈竞争中拼杀出来的，对力量的追求存在巨大惯性，很少听说一家企业是

每个时代留给企业家高歌猛进赚钱的时间周期不会太长。

什么是竞争力？实际上就是极致的比较优势的沉淀，有时甚至是丛林法则的结果。

因为社区服务做得好而成功的。我们在为多家中国顶尖公司进行欧美市场战略研究时发现：欧洲、美国的公司更看重社会责任。

企业的文明也包括用创新驱动而非市场掠夺。归根结底，企业需要用文明的方式融入社区、城市、所在国家，即使在中国经营也是一样，这是企业用文明来抗周期的真实路径。

这三个“再平衡”，不仅在中国，在美国、日本、德国和欧洲的其他国家都出现过。比如美国在20世纪初曾经出现过“扒粪运动”和“进步主义运动”，就是公众和媒体对企业家暴富以及缺少社会责任的强烈质疑，之后，在民意推动下，美国出台了很多限制富人和资本的法律。日本在20世纪90年代经济最繁荣的时期，曾豪情万丈地希望把全世界“买”下来，但今天大家还是都在埋头耕耘。

当社会出现计划部门与市场部门价值主张偏差的时候，当极端贫富差距出现的时候，当国家之间力量此消彼长的时候，企业家感受到以上三种“再平衡”的摩擦力甚至在痛苦中煎熬都是可以预测的。

那么，当我们解决了不理解、不接受、不认同等悲观情绪后，再来冷静地看看政治、经济等维度里真实发生的挑战是什么。

从经济发展的大周期逻辑来看，自1980年以来，超越意识形态合作、低通胀、央行独立、全球化浪潮、低波动率、更长周期和更高的GDP利润份额驱动的“现代周期”，带来了企业发展和投资界的“黄金年代”，即稳定发展的大周期时代。

伴随着全球政治格局的变化，主要特点是地缘政治和国家安全超越贸易至上原则，这个稳定发展的大周期被打破了。高盛集团的组合策略分析师Peter Oppenheimer认为：投资环境正在迎来一场范式转换，现代周期已成往昔，后现代周期正在开启；在后现代周期中，通胀风险将大于通缩，且伴随着经济区域化、劳动力、商品价格上升，政府会变得“更大、更积极”，在此期间，较高的利率将导致估值对收益的贡献减小，股市的总体回报率将下降。

这位分析师的洞察可以概括为一句话：**面对新经济周期历史性转换的挑战，企业需要快速适应变化，调整自身的商业模式和战略管理姿态，专注于成为创新驱动者和承担生产力赋能的角色，聚焦于商业创造利润这个最本质要求，进而最大限度地维持企业的稳定性。**

企业家关注以上宏观格局，了解和洞察企业及资本发展的历史视角，是极具价值的，也是必需的。

从市场和科技变革动能看未来机会

这一部分，我们更多地从市场和科技变革的角度来把握企业生命周期的根本逻辑。

从战略逻辑上讲，外部环境洞察和企业家领导力是企业顶层战略设计的两个根本点。但从战略管理本质上追问，外部环境的周期变化虽然对情绪面影响较大，但对企业的本质影响并不如市场和科技两个因素来得更直接。企业家更多的还是需要从市场和科技角度寻找重塑企业生命周期的方法，其次才是思考在大时代的站位问题。过度敏感，过度被外界环境干扰，反而容易形成新的投机思维。

从市场环境来看，企业家需要把握几个大逻辑要素的深刻变化：

其一，直面全球经济滞涨前景。全球性的经济停滞和通货膨胀，即滞涨，在未来5至10年内看起来已经不可避免。通胀带来的一系列影响之中，对企业影响最大的就是负利率到正利率的转换，借贷成本增加，风险性投资被压制，需求萎缩以及成本上升的问题。这是比较大的市场要素逻辑。

企业家更多的还是需要从市场和科技角度寻找重塑企业生命周期的方法，其次才是思考在大时代的站位问题。

法律遵从和合规经营是企业家需要更加重视的内容。

其二，客观看贸易和供应链变化趋势。全球性贸易环境正在发生根本性变化，这应该说主要是以美国为代表的发达国家推动的，简单说就是贸易割据和供应链重新布局成为新趋势。贸易会从全球化的系统性格局，演变到可能围绕北美、欧洲和东亚三个消费中心形成三个区域型的布局；供应链可能从All in China（完全押注中国）演变到“China+1”（建立中国外备选）、“China+others”（平衡中国及中国外布局）、“N+China”（中国外布局为主）、“Out of China”（退出中国）等几种可能情况。供应链布局变化对消费电子等外向型代工产业影响较大，对大多数企业的影响主要是供应链安全性的谨慎布局。

其三，在通胀等多种趋势的影响下，中国劳动力价格在经济挑战下继续上升是大概率事件。中国经济的“洼地优势”，对劳动者所得长期实行客观压制状态，对农产品价格也存在压制，在目前的政经局势和共同富裕政策下，这个趋势可能会转变。劳动力成本上升在中国应该不会因为失业率的增加而获得解决，这个成本更取决于社会物价等刚性成本。经济不景气可能限制人员流动，这为企业通过培训获取承载劳动力和智力价值的人力资本提供了环境。

其四，全球国家治理的强势姿态应该有常态化呈现。民族、国家意识抬头是大趋势，全球政府都在从“贸易至上”“自由市场”政策转向“政治第一”和“市场管制”，这必然带来政府债务的全球性增长以及国家治理的日趋强势，企业家需要有合理的心理预期。中国改革开放降低干预的逻辑可能会被强调法律合规的趋势替代，这必然会挤出一批缺少合规能力、比较优势的企业。所以，法律遵从和合规经营是企业家需要更加重视的内容。

其五，市场消费向超级品牌企业聚集。多重挤压效应之后，行业消费已经开始向头部品牌化企业聚集，品牌化企业利用高端势能向中低端拓展的趋势更加明显，未来相当长的时间内，市场消费将跟随欧洲和美国超级品牌主导市场的逻辑，超级品牌通吃产品高中低档位甚至通吃多个相关产业是必然趋势，就像华为、小米等超级品牌在发展多元化产品一样。所以，中小企业形成专业化核心竞争力和利润至上将成为其生存之道。

其六，存量竞争“多杀多”和“存量杀增量”出现。创业的热度在中国可能呈现历史性的降级，创业黄金大周期可能需要用10年甚至更长的时间才能恢复——这也要看新一代技术创新平台是否有类似之前苹果App Store应用市场级别的创新。那么，对一般企业的影响就是需要聚焦刚需、强调专业化，对超级巨头企业而言，则需要力求创新、破局发展新型生态平台。

以上宏观变化对企业的影响很难一概而论，我们分三种结构性层次解读：

第一种是尖端制造业和尖端创新企业。这部分企业应该是国家产业政策未来支持的核心，也必然受到欧美最强的技术封锁。在保证生存基本能力的前提下，自主创新角度向好的大趋势应该不会变。

第二种是高端品牌和高端制造业企业。这部分企业主要的战略挑战是保护品牌溢价以及扩展产品线、抗周期的问题，做超级品牌是大中型企业抗周期的重要方法。

第三种是低端产能和简单服务业企业。这部分企业是目前受新冠肺炎疫情打击最严重的，未来出现大规模破产倒闭、回归刚需的可能性依然很大，主观上能做的就是在细分领域专业化、满足刚需。

突破以上多重变化的不变因素，我们认为还是前沿科技的牵引，也就是科学技术的引擎。对于

中小企业形成专业化核心竞争力和利润至上将成为其生存之道。

尊重所在国历史和当地消费者，帮助合作伙伴成功，成为商业制度文明的构建者，这是全球化的堂堂大道。

产业科技型大公司的大趋势判断，很清晰的创新方向主要在两个领域：新能源和信息技术——能源和信息革命是历次工业革命的主旋律，这次也不会例外。

从能源角度，我们建议关注欧盟公布的新能源替代计划。预计到2030年，欧盟将完全摆脱俄罗斯能源依赖，需要10万亿元级别的新能源产业投资，这方面欧盟主要的合作伙伴目前看还是中国。绿色能源是一个非常前沿且巨大的市场，能源价格将呈现全球性上涨，有机会成为未来经济发展的核心引擎。

不过，**与绝大多数科技企业相关的还是信息技术下一个阶段的进化**。我们建议企业家多关注产业元宇宙带来的“虚拟+现实”技术革命，也就是虚拟现实技术的全新数字化机会。产业元宇宙指向未来“虚拟+现实”世界的融合，将推动AI快速发展和机器人产业的历史性崛起，新能源变革的大逻辑同样在支撑这一宏观趋势。很多人把产业元宇宙狭隘地理解为虚拟货币等虚拟经济，这引发了诸多虚拟金融乱象，我们对此并不认同。

除了新能源和信息技术，科技进化大趋势还包括生物技术、量子计算、星际探索等前沿领域，以及与老百姓更相关的服装材料、现代农业、互联网全息视频等。总之，关注所在行业的前沿技术创新是企业穿越周期的关键。

从科学战略管理看抗周期之道

当我们有了理性的心态和前瞻性的判断之后，做出科学的战略管理决策是重塑企业生命周期的重中之重。

过去，企业家和管理者更多地考虑如何提高竞争力，大历史周期变化之下应该更多地考虑如何构建制度文明抗周期。制度文明，主要指内部的科学管理和外部的全球性合规和法律遵从。如果是一家全球化的公司，就要以文明构建者的角色深入到投资的国家的本地化建设之中，尊重所在国历史和当地消费者，帮助合作伙伴成功，成为商业制度文明的构建者，这是全球化的堂堂大道。

如何构建企业等制度文明抗周期，这里提供一个工具箱：

一是审时度势。用外部环境变化指导领导力，避免闭门造车，盲目打鸡血。**二是解决问题**。从问题出发，找到影响企业生命周期的2~3条核心要点并加以解决。**三是收缩战线**。高度聚焦具有行业专业价值并具备品牌优势和核心竞争力的业务，果断砍掉非核心部门。**四是投资员工**。在经济低迷时期，职场流动性下降，企业对于高级人才的投资损失概率降低，这时候，提高中高层认知能力的战略管理研究、投资培训很有必要。**五是全线品牌和全域服务**。全线品牌主要指高端品牌向中低端渗透，聚焦中低端爆款以满足刚需。比如内衣品牌爱慕，其对运动系列产品和中低端系列产品的拓展效果很好；全域服务比较有代表性的是运动品牌李宁准备售卖咖啡，虽然成效未明，但符合全域服务的大逻辑。

这里用一个百思买（Best Buy）转型的故事作为参考案例。总体看，美国百思买在过去10年推动的转型卓有成效，休伯特·乔利作为CEO的“三段论”操盘堪称经典：第一段是找到问题修复问题；第二段是寻找同盟军扩大对外合作；第三段是重新定义愿景使命，升级战略。这家公司虽然折戟中国市场，但在美国市场的变革非常具有借鉴意义——处乱不惊，积极应对。我们建议企业家在重塑企业生命周期的大课题中多看这种经典的全球性案例，不要盲目地将目光向内，照搬照抄很多特色型成功企业。

每一家企业都可能经历过九死一生，每一家企业辉煌的背后都是苦难。

**风暴终究会过去，
新的周期必然会开启。**

结语

每一家企业都可能经历过九死一生，每一家企业辉煌的背后都是苦难。超越情绪、理性，面对当前挑战，平复心态，梳理问题，进而形成面向未来的良好战略姿态尤其重要，直白地说：企业家面对挑战的主要工具是战略管理的变革。

风暴终究会过去，新的周期必然会开启，企业作为一艘靠企业家精神的能动性和创造力驱动的大船，经得起风雨，扛得住严寒，也必然最先走出危机阴霾，这是企业家责任担当要求下必备的"极致理性"。历史向前，大浪淘沙，生命需要顽强的信仰，更需要大爱的滋养，企业家唯有构建真正的企业生命体，创业之路才能生生不息。

受限于篇幅，较原文有较多删减

编辑：曹雨欣

扫描二维码，阅读原文

什么样的企业能够永葆青春?

王玥 独家口述
连界董事长、创新战略学者、产业生态投资人

美国管理学思想家伊查克·爱迪思研究辅导过上千家企业，他把企业比作像人一样的生命体——绝大部分企业都会经历创业、发展、壮年乃至衰落的周期，其相关著作《企业生命周期》影响深远。这本书的中文译者王玥担任多家世界500强企业创新战略顾问、多家科技企业和创投基金的投资人。《决策之道》近期对话王玥，记录下他对企业不同发展阶段遇到的挑战及应对经验的详细剖析，企业决策者可以借此自查自诊、对症下药。

中国90%的民营企业都停留在婴儿期

《决策之道》:《企业生命周期》把企业比喻成自然人，并概述不同的发展阶段。请您分享下企业在不同发展阶段的特点以及容易犯的致命错误。

王玥:《企业生命周期》把企业比作人，教我们怎么诊断企业问题，也讲出了企业的本质——我用两个词概括: **无中生有、向死而生。**

无中生有是什么? 我听许多企业家讲过创业历程，从一穷二白、空怀理想，到做出很大的事业，几千人、几万人加入。做企业要保持放空、不断进取的心态，才能持续孕育出“有”。

向死而生是什么? 人终有一死，那就不好好活了吗?大多数人还是希望活得有意义、有质量，甚至永葆青春。

《企业生命周期》把企业的生命周期分成了十个小阶段，我概括为四个大阶段(见图1)。

第一阶段是创业阶段，或者说孕育阶段。此时创始

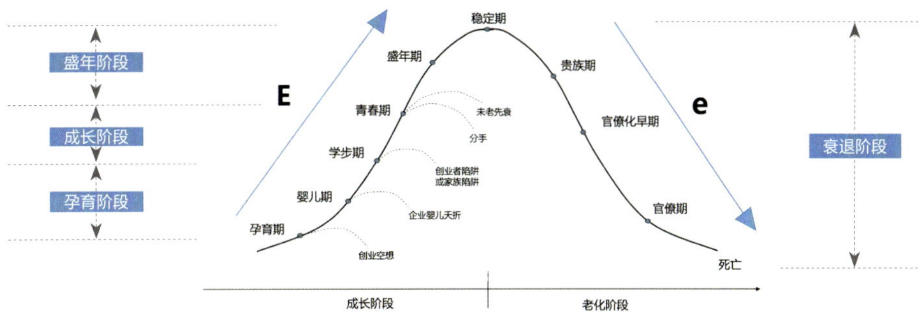

图1 企业的生命周期

团队对刚刚诞生的企业充满期待，创始人可能放弃了原来优厚的待遇，重新起步，他的承诺和行动是最重要的。我做投资常遇到一种情况——一个人有很好的想法、技术，准备创业，但没有付诸行动。他说："玥总，你若投我，我就辞职。"这时我肯定不会投资，只有他承诺创立企业，我才会给他助力。

这个阶段的致命问题是企业现金流规划不清晰。如果对早期企业进行投资，则不能相信商业计划书上的现金流规划，因为什么都还没做，现金流规划是想象出来的。在这个阶段，创业者一定要做最差的预期，思考现金流能够撑多久。初创企业充满梦想，但就像一个小婴儿，如果几天不喝水、不吃奶，很可能会夭折。

第二阶段是成长阶段。这个阶段最大的特点是企业充满了销售意识，不停地卖东西、拓市场，创始人还要向投资人营销自己的企业，于是有了初步的现金流。这个阶段的企业可能是不完美的，产品可能也是不完美的，拼命销售会惹一大堆麻烦，如服务流程不完善甚至客户投诉等，但即便如此，企业里也充满干劲和希望。除了销售，企业也开始搭建自己的制度体系，包括产品体系、运营流程等。这对创新精神有一定约束，有创造力的人往往不喜欢制度体系约束；但从企业生命周期来看，在这个阶段建立制度对创新是有帮助的。

这时最致命的问题是领导层缺乏战略性思考，

行动没有优先级思维，认为很多事都重要。此外，当企业本身的产品、制度体系都不成熟时，还试图向客户销售更多的产品，实际上是加速企业衰老。

第三阶段是盛年阶段。随着企业发展顺利，产品逐渐成熟，客户和员工会越来越多。这个阶段的典型特征是客户开始重复买单。

此时最大的挑战还是来自创始人和领导团队，他们可能搞不清楚授权和分权的区别。随着市场扩大，事业部和员工越来越多，创始人不可能什么都管，于是要设计组织结构。在前两个阶段，大部分企业的组织结构常常是一团乱麻；到了盛年阶段，企业则需要更清晰、成熟的组织结构。这会让创始人在授权、分权之间犹豫，于是引发一个典型现象：员工觉得老板多变，一会儿给审批权，一会儿不给。解决问题的关键在于建立成熟的组织管理制度和文化，保障企业健康运行，同时约束创始人的权力。权力和制度的关系对任何一个组织来说都是挑战。

第四阶段是衰退阶段。这个阶段的典型特征是形式大于功能。企业可能特别注重流程、会议，但没有人为结果负责。更可怕的是，企业创始人自己可能心力不足，从创业初期恨不得一天工作25小时，变成一个星期来一次公司，并且还想远程参与、控制企业。企业的冲劲和创新精神都不足了。

这样的生命周期在历史上不断地重复，大到国家、民族，小到企业，都是如此。企业生命周期的本质是企业家精神从诞生到死亡的过程，而企业家精神主要是创新精神，背后的主线就是创新精神从无到有、从新到旧的过程。

《企业生命周期》这本书诞生于1988年，距今已有34年。关于企业所面对的生命周期，我认为，现在有不变的部分，也有变的部分。

不变的部分是企业发展规律、诊断工具以及哲学思考，这些能穿越时间周期。具体来说，企业不

做企业要保持放空、不断进取的心态，才能持续孕育出“有”。

企业生命周期的本质是企业家精神从诞生到死亡的过程。

同阶段的特征可以让我们判断企业的典型问题和病态问题，对于企业家而言，如何识别异常问题、找到最佳的处理手段与工具是最关键的。这种思考框架和解决问题的方法可以穿越时间。

变的部分是技术革命和资本周期。今天，技术的快速迭代应用加速了产业周期的更迭，同时缩短了企业生命周期。这本书诞生于20世纪80年代，当时资本市场对企业的影响没有那么大。我们现在应该结合中国企业的实践进行探讨，包括外部环境因素，比如新冠肺炎疫情以及不断壮大的资本市场。

《决策之道》：我们一直说乌卡时代（VUCA）来临，在这样充满不确定性的复杂环境中，中国企业需要建立怎样的生命周期观？

王玥：物理学上讲，波峰叠加，振幅会更大。我认为，一家企业至少活在三个周期的叠加之中：企业自身的生命周期、产业周期和资本周期。

除了企业自身的生命周期，产业是处于上升期还是衰退期也很重要，企业生命周期是随着产业周期起伏的。这些年，半导体行业、新能源行业都处于上升期，相关企业的发展相对更容易。影响产业周期的一个重要变量是技术，比如摩尔定律会改变半导体产业的产业周期。

在产业周期之上还有资本周期。资本像钟摆一样，永远不会停在中间，而是一直摇摆，这意味着它会有过激反应。当产业衰退时，资本会快速撤离；当产业开始上升时，资本又会加速涌入，形成泡沫。

企业家至少要看穿三个周期，才能够让企业这个“小宝宝”健康成长，乃至延缓衰老。

《决策之道》：掌握企业生命周期观，可以帮助企业家更好地理解企业的成长过程。您服务过很多企业，有没有在此理念指导之下经营得比较好的企业案例？

王玥：绝大多数企业无法真正做到永葆青春，更残酷的是绝大多数企业永远停留在婴儿期。婴儿期的状态是什么？企业永远要为生存、为现金流而拼命奋斗。可能中国90%的民营企业都停留在婴儿期，无法进入下一个阶段。为什么有的企业能进入下一个阶段？挑战在于两点。

一是企业家如何把个人的创新精神变成组织的创新精神，把个人影响力变成组织竞争力。企业家需要完成制度体系的搭建，用制度制约自己的影响力，还要完成从授权到分权、传承的演进。这像西天取经一样，一关又一关，多数人是做不到的。

二是很多中国企业没有完整经历过至少两个以上的产业周期。大多数中国企业都是改革开放之后成长起来的，像坐着电梯上升，那么，当电梯减速，企业所在产业被重塑，企业还能不能爬出谷底？企业只有变革才能穿越产业周期，比如互联网平台企业，它们面临的挑战不仅来自监管政策，与传统的电力、银行、煤炭、公路行业的企业一样，它们的发展空间还取决于能不能“长”出新的东西来。

企业进入成熟期且能孕育新的生命，是企业永葆青春的一个秘诀。我比较关注海尔、海康威视等企业，它们所在的行业不像移动互联网一样“性感”，扎扎实实做实业，也焕发了新的生机。比如海尔帮助小微企业在平台上裂变，海康威视以拆分新业务、生发出新上市公司的模式实现持续成长。列举这两家企业，并不意味着它们已经成功，企业生命周期理念在中国的实践征程才刚刚开篇。

中国企业距离成为百年企业还有多远？

《决策之道》：很多企业都有百年梦想，但现实是残酷的，中国的长寿企业比日本少很多。中国企业要保持长寿，目前还存在的差距是什么？

一家企业至少
活在三个周期的叠加之中：
企业自身的生命周期、
产业周期和资本周期。

可能中国90%的民营企业都停留在婴儿期，无法进入下一个阶段。

王玥：市场化、企业家精神这些概念都是在改革开放之后才逐渐被大家接受的。要想产生更多的百年企业，首先需要有真正的市场化环境，这至少需要100年的时间。

企业家要接受一个现实——90%的企业无法活到百年。所以前面提到，企业家要向死而生，接受未来的结果，但仍然去追求做出高质量的长寿企业。要做到这一点，天时、地利、人和缺一不可。

天时，包括很多企业家不可控的因素，比如地缘政治、突发疫情等。企业家只能去做好自己可控的事情，如此才可能成就百年企业。天时里最重要的一个因素是“国运”，正如巴菲特所言，没有一个投资者愿意看空自己的国家，今天的每一位创业者、企业家都是和国家的命运紧紧捆绑在一起的。

地利，就是企业所在产业能否不断迭代、不断发展。我最近在与京东方合作，它是中国乃至世界最大的显示屏制造企业之一。如今，传统显示屏行业供应商增加，利润下滑，市场已接近饱和。但京东方下一个更大的战场是物联网，屏幕是万物互联的入口，其中的产业边际、影响因素与之前完全不一样。可以说，显示屏行业新的产业周期已经浮现，对中国企业而言，地利就是有巨大的消费市场、较好的物联网基础以及用户形成了使用屏幕的习惯。

人和，就是对创始人自己的挑战，就是如何理解权力和领导力。权力是职务赋予的，有什么职务就有什么权力；领导力对应的是影响力，不是职务赋予的。全球很多百年企业的创始人可能已经离任，但仍可以利用影响力帮助企业，甚至创始人去世之后，价值观依然能够传承，让企业持续发展。

《决策之道》：这些年可以看到不少年轻的创业者被外界捧红，又迅速走下神坛。您也有一句经典的话——成长阶段的企业必须能够看到未来发展过程中的不连续性。这样来看，迅速成长的企业该如何"且行且珍惜"？

王玥：对很多企业创始人来说，不论年龄大小，如果他们原来所处行业不受媒体和资本关注，一旦突然受到关注，他们就容易被外界影响。创始人要记住：短期内媒体可能会大幅报道，投资机构也可能会投资很多，但自己不要被他们左右。媒体、资本如果真正读得懂企业，那他们就自己干了，创始人才是最懂自己企业的人。

除了外界的影响，组织的快速扩充对创始人的管理能力和领导力也会带来巨大挑战。以共享经济行业为例，有一段时间里大量资本纷纷涌入，我记得至少两家共享经济企业的创始人跟我聊过，他们说："什么时候我突然发现自己不喜欢这个企业了？就是企业上个礼拜还只有30个人，下个礼拜就有300个人的时候。"比尔·盖茨也说过：一个创始人的极限是记住500个同事的名字。很多年轻创始人没有管理大型组织的经验，当企业只有30个人的时候，更像一个小家庭，依靠的不是规范性的管理。

如果一位创始人内心真正笃定和安静，他的领导力会更深厚，企业的生命周期会更长久。

《决策之道》：这是一个非常宝贵的建议。在很多民营企业里，企业创始人是企业的灵魂和精神领袖。您认为企业应该从创始人领导发展到用制度规范，但实际上这是一个非常难过的坎。怎么迈过去？

王玥：在创业早期，我鼓励企业要相对集权，因为最了解企业的就是创始人，早期相对集权有利于企业高效、快速地决策。当企业发展到一定阶段时如何平衡好民主和集权？有两个重要挑战。

第一个挑战是如何处理新老管理层的关系。当企业出现新管理层，打破了之前的惯例，老员工可能会说："你们怎么能这么干呢？"创始人如何平

企业家要接受一个现实——90%的企业无法活到百年。

如果一位创始人内心真正笃定和安静，他的领导力会更深厚，企业的生命周期会更长久。

衡新老管理层交替时的融合问题，避免企业因此进入衰退期，这一点很重要。

第二个挑战是创始人怎么保证自己能够持续获得准确、真实的信息。对老板讲好听的话是人的本性，当组织汇报层级变多，老板可能是最后一个知道坏消息，甚至从头到尾都不知道的人。在这一点上，关键在于企业要建立坦诚的文化——无论副总裁还是一线员工，都愿意把问题说给老板听。

实际上，90%的人都战胜不了这两种挑战，这是人性决定的，大家希望和熟悉的团队共事，希望回忆美好的时光。处理团队代际冲突，获得真实信息，建立坦诚的文化，这是对创始人最大的挑战。

企业从成长阶段到盛年阶段最大的挑战在于建立授权和分权体系。《企业生命周期》中概括了一个大多数企业会出现的现象，叫"海鸥综合征"。海鸥很漂亮，但如果你是水兵，会特别讨厌海鸥，因为它可能在船上拉了一泡屎就飞走，你清理半天，一会儿它又来了。有时候创始人就像海鸥，随着企业发展，想干的事情越来越多，突然想干一件事，就瞎指挥一通，然后走了，最后员工忙着灭火。这时候创始人持续学习和自我进化的能力特别重要。

在新的时代和周期里，越来越多的传统产业要找到新的创新增长点或"第二曲线"，需要尝试用多条腿走路，而且往往不可能一次就试对。什么样的制度体系能够让盛年期的企业还能涌现具有创新精神的人？企业家做了各种各样的尝试，典型方法是鼓励内部创业，但是内部员工要变成老板是很困难的。还有很多企业家尝试对外投资、孵化，却发现很多创业者不希望被控制。我认为最好的模式是企业家用产业资源帮助创业者，不一定局限在资金上，资金只是资源的一部分。同时，企业家也要拥有一种价值观——不是所有的创业者都要为你所有；只要创业者为你所用，就能让组织重焕生机。

《决策之道》：正和岛上的岛邻企业是每年1亿元营收起步，很多企业处于成长阶段和盛年阶段，面临着如何保持增长同时避免患上大企业病的问题。您有哪些相关建议？

王玥：很多民营企业有一个误区——过度依赖假资源。什么是假资源？就是过度依赖关系或独特资质。即便过去这是有用的，但现在可能没用了。很多生意人倒买倒卖，可能做一单就能营收1亿元甚至更多。但这是做企业吗？我认为这就是依赖假资源，假资源带不来真增长。

什么是真资源？至少有三点特征。

第一，拥有特殊禀赋和资源的平台。比如央企、其他国企、国家级科研平台，有独立的高信用背书。

第二，深度绑定独有的客户和渠道。比如一些网络大V有成百万、上千万的粉丝，只要在大是大非或价值观上不犯错，这些粉丝是有忠诚度的。

第三，具备独有的技术优势。这一点在新的产业周期里越来越明显，往往会给企业带来真正的增长。原来的一些假增长要么是靠关系换来的，要么是靠资本烧出来的。快速投给企业几千万、几亿美元，快速获得用户的时代结束了，依靠独有的技术优势实现企业真正的增长，才是下一个阶段的机会。

必须用真资源换来真增长，这对很多企业家来说是巨大的痛苦，也是一次涅槃和裂变。

企业家的信心从哪里来？

《决策之道》：最近一个阶段，新冠肺炎疫情、中美贸易冲突叠加企业经营压力，导致很多企业家有点灰心。爱迪思也说："衰老始于心力。"您认为该怎样提升企业家的经营信心？

王玥：我有三个观点。

第一，创业是一场修行。创业是治病的：企业

处理团队代际冲突，获得真实信息，建立坦诚的文化，这是对创始人最大的挑战。

中国人讲究德才相配，有时德不配位——创始人的内心修行配不上企业规模，企业规模就无法增长。

小，治小病；企业大，治大病。创业对一个人内心的修炼和挑战非常大，比如人的本心是骄傲的，创业之后，你会希望员工帮你做事，希望合伙人跟你合作，希望客户买单，希望投资人来投资，这时你要把心放下，越放得下，会发现企业成长得越好。中国人讲究德才相配，有时德不配位——创始人的内心修行配不上企业规模，企业规模就无法增长。所以，创业是治病的，好的创业者的状态会不断提升。

第二，企业家要有信心。中国的对外开放以及市场化大势不会逆转。李克强总理说："长江、黄河不会倒流。中国对外开放40多年了，发展了自己，造福了人民，也有利于世界。这是个机遇的大门，我们决不会、也决不能把它关上。"[1]不同阶段可能有不同的不可抗力，比如地缘政治、疫情等，但短期挑战对企业来说也是一次跨越周期的机会。

第三，要敞开学习之门，理解新技术。过去30年间，大部分中国企业家不是技术创业者，而是资源创业者、模式创新者甚至红利享受者。现在大家觉得做企业难，是因为原来的资源禀赋和竞争能力与新时代所要求的不匹配。企业家要好好想想，自己要不要经受这样的挑战：要，就继续往前走；不要，就放下，把企业传承、交付给更合适的人。

《决策之道》：您多次提到技术创新，那传统企业（家）的机会和方向有哪些？

王玥：**第一，可以拿出企业的一两个典型产业场景，尝试和新技术合作，这是最直接的。**很多企业家几十年深耕在一个场景里，可以尝试跟新技术结合，比如经营矿山，可以与5G技术、无人技术结合，做成无人矿山。类似应用已经越来越成熟了。

第二，可以在组织里做裂变，把前面提到的

① 2022年3月11日上午，第十三届全国人民代表大会第五次会议在北京举行记者会，李克强总理出席记者会并回答中外记者提问。摘自《人民日报》2022年3月12日第1版。

“第二曲线”用不同的组织形式做出来。这可能要在几个点上多去尝试。

第三，要有资本思维，始终对未来保持投资的可能性。日本管理学家大前研一说：“战略很重要的一个前提就是对不可知的风险的对冲和为可预见的未来的布局。”投资是重要手段，可以通过基金去布局。对于一些可预见的新技术，不一定要直接买来，可以用投资的方式与其产生链接。

这三条是我给企业家的建议，也是我的经验，可以让传统企业与新技术趋势得到很好的结合。

我曾和哈佛大学一位教授交流，让我很受刺激。他说，“中国有很多规模大的企业，但我不认为他们是创新企业，有一部分企业是‘dinosaur’”，就是指有些企业像恐龙一样，体积大，脑子小，可能很快衰亡。他还说：“我没有看到更多的原创性技术萌发出来。”从那时起，我认为中国一定会出现新的趋势，从“模式创新”变成“技术+模式创新”。如果一家企业没有核心技术，就像沙滩上的城堡一样。很多企业家真正需要的并不是商学院讲的商业模型，而是要了解哪些新技术在不同产业得到应用。

很多企业家真正需要的并不是商学院讲的商业模型，而是要了解哪些新技术在不同产业得到应用。

《决策之道》：您接触过大量企业，您能否从如何做出正确决策的角度分享可借鉴的方法？

王玥：我一直遵循一个原则：**大多数人发言，少数人决策。**在决策之前一定要让大家讨论，从各个角度听取信息，听听大多数人的声音，哪怕可能会有不同声音出现，但最终只由少数人进行决策。

我还有一个小窍门：做决策的时候，尤其是面临特别重要的决定时，一定不要在情绪中拍板，最好先冷静一下，找一个安静的地方想一想。

采编：曹雨欣、田兴宇

行走江湖一侧，看尽春秋枯荣。黄叶飘零城阙，残梦遗落风中。

插画摘自 @ 老树画画

案例 CASE

推荐语
手比头高

陈春花 推荐

北京大学国家发展研究院
BiMBA商学院院长

近年来，无论是难以预测的“黑天鹅”，还是无法避免的“灰犀牛”，都使得我们所处的环境变得前所未有的不确定，我用“流变”来描述这个复杂的世界——多种不确定的因素往往在某个时点以难以预测的方式汇集为我们不得不面对的复杂危机。因此，如何合理运用自身决策经验进行有效决策，帮助企业穿越严冬，成了企业管理者的重要课题之一。

在这样的背景下，汪建国董事长对话《决策之道》时所表达的“企业家真正的价值和贡献就是善于做正确决策”的观点，我特别有共鸣。有效决策常常来自经过现实检验的经验判断——企业经营者通过对实践与思考的系统性整理，形成自身的经验逻辑与决策判断，并把自己置身于变化的环境中，经由实践检验。

我和汪建国董事长相识多年，可以说见证了他与五星控股集团的成长历程。从他和五星控股集团的成长历程中，我们可以了解到企业家的持续价值贡献以及有效决定的意义。对于企业家决策而言，首先，要能够基于变化去思考，站在更高的层次看待问题，理解变化并探讨问题背后的本质。其次，要整体、系统地去寻找解决方案，关注多维度的影响，又要抓住核心价值，真正做到基于顾客价值的视角。最后，要勇于承担责任，接受挑战，敢于决策，行动起来。

“手比头高”是我个人的座右铭，很高兴汪建国董事长也是如此去做的。在危机中寻求机会需要切实的行动，我们也可以说，企业家本身就是行动者。

从业40年，我如何一次次把握产业机会？

汪建国 独家口述

五星控股集团董事长

汪建国堪称“零售大王”，自1998年创立五星电器后，他还一手缔造了孩子王、汇通达和好享家三家独角兽企业，并且孩子王和汇通达先后成为上市公司。作为“创业老兵”，汪建国一次次拥抱变化、拥抱新模式。他认为，任何企业都有生命周期，任何一个人也都有成长周期，在最好的时候，要去寻找第二条抛物线。《决策之道》和汪建国做了一次对话，总结他30余年沉淀积累下来的深度思考，希望对商业决策者做正确决策、穿越严寒有一些启发。

《决策之道》：1991年您投身商海，此后从家电连锁到零售电商，再到产业投资……您几乎每隔10年就出现一次自己的“人生刷新时刻”，成功找到“第二增长曲线”。这背后有哪些共同的底层逻辑？希望您分享一些心得体会。

汪建国：我认为底层逻辑有三个：第一个是要敢于折腾，第二个是要适应变化，第三个是要激发潜能。

第一，人生只有一次，没有第二次，而且人生是短暂的，与其平平庸庸过一辈子，不如去做点事情。我经常和团队说：“如果不去折腾，就白活了。”所以，我不断“折腾”：在政府机关工作10年，在国有企业工作10年，在五星电器干了10年，现在再创业又干了10年。我认为，生活可以安逸，工作不能安分。人生还是要过得精彩，不能过得平平庸庸。

第二，我们处在一个伟大的时代，更是一个巨变的时代，如果我们不随着时代变化，就会被时代淘汰。在变化的过程中我们还要不断去思考，在好的时候去寻找下一个出路。

扫码了解
汪建国创业之路

第三，人的潜力是无限的。如果人一直做熟悉的事情，潜能就不能得到发挥。相反，如果人能挑战更高层次的事情，潜力就会被释放。我从机关到企业，从做一件事到做几件事，从做企业到做投资，发现人的潜能被挖掘后是螺旋式上升的。现在我是“两栖动物”——在产业端，我孵化了汇通达、孩子王、好享家；在资本端，我成立了星纳赫资本。我觉得，只要去折腾就有无限潜力。

再来说说40年来我做企业的心得体会，一共有三点：

第一，要终身学习。只有学习，才能帮助我们不断地穿越周期，才能适应变化。持续学习，是应对变化的最好办法。

第二，要保持好奇。我对商业一直有很强的好奇心。创办孩子王的时候，我研究了国外零售的打法，他们在母婴行业是怎么干的，家乐福、沃尔玛又是怎么干的。我想，能不能将这些零售要素在中国做一个整合而非简单模仿？于是我就创办了孩子王。对新鲜的东西要保持好奇心，这是驱动我不断去挑战的原动力。

第三，要手比头高。遇到事情快速行动，一旦行动起来你会发现有一种力量。卖掉五星电器之后，我在不同的商业领域做了不同的事情。虽然很多人都觉得很难，但是我做了就不觉得难了。我个人有一个体会：很难的事情，做了就不难了；很大的事情，做了就小了。

《决策之道》：在做企业的路途中，您遇到过哪些大的坎坷？又是如何克服，实现一次次蜕变的？

汪建国：从我个人的经历来看，大的坎还是很多的，我讲几个典型的：

如果人能挑战更高层次的事情，潜力就会被释放。

第一个坎是从机关到企业。20世纪80年代末，我从机关到企业，本想去做经营的，结果没有岗位。回机关回不去，企业又没有安排，我和司机待了大半年，坐了半年的冷板凳。这个坎怎么过的？我自己主动去“请战”，克服心理压力，成立“综合部”，带了一个大学生做生意，慢慢找到了产品和品牌，就做起来了。做事情不要在乎别人的评价，要找到自己的方向，坚定不移地做下去。如果一个人的心态消极，那将一事无成。

对新鲜的东西要保持好奇心，这是驱动我不断去挑战的原动力。

第二个坎是从民营企业到合资企业。2004年至2005年的时候，五星电器的销售额是苏宁的1/2，是国美的1/3，国美、苏宁相继上市，而五星电器上市慢了一步。这个时候，遇到凯马特[1]倒闭，国家发文要求不准拖欠供应商款项。在这种情况之下，五星电器的资金链遇到很大的挑战，压力非常大。这时候求助于资本市场也来不及了，我们紧急寻找产业投资，引进了百思买合作，就这样把坏事变成了好事。所以，遇到困难的时候，要有毅力，不能放弃，不能松懈，要保持积极的心态。

第三个坎是2009年卖掉五星电器，创办孩子王、汇通达**遇到的重大挑战**。孩子王开到第5家店的时候亏得很厉害，开业当天只有几十万元的销售额，和五星电器一天能做到上千万元比起来，是不成功的。当时对于孩子王的模式，不仅外界不看好，而且团队也缺乏信心，我自己也非常痛苦。汇通达也遇到了同样的问题，这种商业模式在农村市场没有过成功的验证，供应商不给我供货，银行不给我贷款。怎么办呢？要寻求他人的力量。

孩子王开到第6家店的时候，我们获得了华平资本的投资。当时我的出发点就是要“靠大树”，解决企业的困难。汇通达也得到了资本市场很多战略伙伴的帮助，后来阿里巴巴投资了45亿元给我们背书。所以，在面对挑战的时候，人一定要有信心，一

① 凯马特公司被认为是现代超市型零售企业的鼻祖，曾是美国最大的打折零售商和全球最大的批发商之一。

方面，眼睛向内，寻找内在的力量；另一方面，眼睛向外，发现他人的力量，寻求他人的帮助，很多人遇到坎而过不去的原因就是只靠自身。

《决策之道》：在严冬环境下，企业家的每一个决策都至关重要。据说2009年您在黄浦江上的酒店思考6小时，最终决定在家电连锁高峰期卖掉五星电器，此后又成立了3家新公司。创业者、企业家如何在关键时刻扛住高压做出正确决策？

汪建国：我认为，企业家真正的价值和贡献，就是善于做决策，并且是做正确的决策，这是企业家首要的任务。

方向比努力重要，选择比勤奋重要。无论是创业、转型，还是发展，首先在方向上要有一个大体的准确把控，不需要绝对正确；另外，越是在高压的时刻，遇事越要有清醒的认知，一定程度上，人是否能做出正确的决策首先取决于认知是不是到位，其次取决于头脑是否清醒，不能带着情绪、感情、压力做决策。

我总结了更高层次、更长维度、更多方位这三个方法论来说明。

第一，更高层次。解决问题要站在比形成问题更高的维度，如果是站在比问题更低的层次，则可能连问题都发现不了。既然是董事长，就要站在比员工更高的维度看待问题。不能做井底之蛙，不能用线性思维。

第二，更长维度。视角要放到历史的长河中，不仅要看眼前，还要看过去，更要看未来。要站在一个更长的维度，看到趋势性的东西来做决策，只有把握趋势才能把握未来。

第三，更多方位。做决策时，需要综合企业内部的条件、外部的环境等各种要素来进行判断。

在做决策的过程中我还积累了几点经验：

很难的事情，做了就不难了；很大的事情，做了就小了。

第一，隔夜决策。这么多年来我有一个习惯，对于重要的文件，一般不会当场签字。我会放一放，想一想，才会签字，现在看还是很实用的。个人要保持良好的心态，在头脑清醒的状态下更能做出正确的决策。

第二，独立判断。商业决策有时候不能民主，如果五星电器我要听股东、员工、社会的意见，就不应该卖，因为大家都不赞同。有时，真理是掌握在少数人手里的，企业家要对决策承担责任，要敢于决策。

创业也好，转型也好，创始人和高层领导必须比普通员工、部门领导有更超前的意识。企业能不能做好，与思维方式有很大的关系。现在很多领导和员工处于同样的思维层面，陷入某个维度。有句话叫“要站在月球看地球才看得清楚”，我们要跳开业务看业务，跳开企业看企业，跳开行业看行业。

第三，抓住本质。我在企业内部强调的是追求真相，真相究竟是什么？就是抓本质，做正确的事。虽然要站在多个维度分析问题，但是也不要太在乎别人怎么看。现在不确定的东西太多，信息也多到爆炸。在复杂的环境之下，做正确的决策，要抓住本质，找到大齿轮，不能在细节问题上陷得太深。俗话讲，“将军赶路，不追小兔”，就是这个道理。

我这几年的体会，是要站在企业家的视角看投资，站在投资者的视角看企业。更重要的是，顾客思维是最本质的。顾客满意的东西才是最好的，做决策时要判断是不是给顾客带来价值，不能只看现象。

因为做投资，我一年要看几百个项目。项目来的时候，我经常会问方向性的问题，提炼出了“三问四答”。你的定位和战略是什么？你要干到什么程度？你的愿景和使命是什么？我把这三个问题称为“创业三问”。你的目标顾客是谁？你提供的商品

企业家真正的价值和贡献，就是善于做决策，并且是做正确的决策，这是企业家首要的任务。

有时，真理是掌握在少数人手里的，企业家要对决策承担责任，要敢于决策。

与服务是什么？你靠什么来赚钱？你的客户增长和盈利增长能不能持续？我把这四个问题的答案称为“模式四答”。这样一问，就能把企业决策性的东西问清楚。

《决策之道》：很多人已经意识到了抓住本质的重要性，但是做起来很难，如何能够真正具备这种能力？

汪建国：是的，现在做企业和以前做企业不一样，有一句话说得很好，“在商言商，言商向儒”。商业越来越需要思想，越来越需要理念，越来越需要文化了。我们这一代企业赶上了套利时代，只要抓住了人口、土地、互联网的红利，坐对了电梯，就能爬上高楼。未来的企业靠红利是远远不够的，新型企业家需要文化底蕴，需要文化、知识，要能够深度思考、深刻研究，要把握住企业管理的规律，毕竟做企业是有逻辑的。

我和团队这几年没有去套利，而是希望通过学习和观察把握本质。尤其是对互联网做了一些研究——互联网带来了一些用户和环境的变化，产业互联网更是刚刚开始。在这样的情况下如何做出正确的决策，对新型企业家的要求是不一样的。老一代企业家把握机会就能成功，未来的企业家需要一定的底蕴。

如何踩准点，把握大的产业机会？

《决策之道》：在您的创业生涯中，您总是踩准了点：看好家电行业发展的大趋势，1998年，您创办五星电器；您二次创业做母婴零售品牌也和国家人口政策（二胎、三胎）息息相关。企业个体如何把握大的产业机会？

汪建国：这是一个相对复杂的问题。

首先，要提高认知，不管是人与人，还是企业与企业，最大的差别是认知的差别。从商业视角来说，信息技术的革命带来了一系列深层次的变化。

第一，最大的变化来自用户。借助智能终端，用户有主权了，也更加个性化了。

第二，商业的基础设施变了。就像交通，原来是省道国道，后来有了高速路、高铁，如今做生意的基础设施变化了。

第三，商业的底层逻辑也变了。原来是竞争性逻辑，是精准的比较性逻辑，但现在用户的需求多样，不仅需要商品，还需要服务。我们必须生态布局，整合资源一起干。

企业家带领企业穿越周期、踩准节点，就一定要升级自己的认知。我在五星电器的时候，看到了房地产的发展，看到了家电的更新换代，看到了3C的潮流。那个时候，我就知道产业是有周期的，红得过头的时候，就是危机出现的时候。

其次，要不断迭代，没有一种模式可以一成不变，我们必须要不断迭代变化。孩子王的门店已经更新到第九代了，原来是以线下为主的实体店，现在是全渠道、全链路。

再次，要学会放弃，放弃是获得的前提。分享一个小故事：抓一只活的猴子最有效的方法是什么？答案很简单——找一个细口瓶，里面放个枣，猴子把爪子伸进去，抓住了枣之后就不愿意放弃，不放弃就被套牢了，这就是我说的瓶颈。如果我不放弃五星电器，就没有现在的孩子王、汇通达、好享家、五星控股。

最后，要看到趋势，提前布局。商业趋势原来是渠道为王、终端为王，现在是全渠道走向全链路，产销一体化，“顶天立地”、纵向渗透。我们已经开始布局了，无论是汇通达还是孩子王，要向上游找到战略合作，不能等事情发生了再去赶潮流、赶风口，如果不布局就没有未来。要有超前的眼光，就是要比别人想得更远一点、更多一点。

顾客满意的东西才是最好的，做决策时要判断是不是给顾客带来价值，不能只看现象。

老一代企业家把握机会就能成功，未来的企业家需要一定的底蕴。

2009年创立孩子王之前，市场上有很多母婴童的小店。而孩子王开的是大店，为什么？因为我们看到，体验成为零售的核心能力，服务成为零售的核心能力。现在的汇通达相比之前也面目一新了，都在不断变化。

《决策之道》：五星电器遇到瓶颈时，您在新加坡国立大学读EMBA的时候遇到了吕鸿德教授，他对您说："企业有生命周期，个人有成长周期。您应该大胆地去寻找第二条抛物线。"回看过去走的路，您如何理解企业生命周期？

汪建国：说到企业生命周期，我想到一个词叫"百年老店"。我一直认为百年老店的提法是有争议的，**基业可以长青，但是很难有百年老店。人的生命将会越来越长，但企业的生命会越来越短。**在巨变的大环境下，企业的生命周期在缩短，更迭速度在加快。任何一种商业模式，都是非常短暂的。未来的中国经济可能处于下行阶段，在这个背景之下，对企业来说挑战会更大。在经济上行阶段，企业只要不犯大错误就能活得下来；在经济下行阶段，企业能活下来本身就是不容易的。

我对如何穿越企业生命周期的理解和以往不一样：以往冬天来了，春天就不远了；这次不一样，冬天会更漫长。**以前企业"过冬"准备"棉袄"就行了，但现在没有用了，还得强身健体，提高自己的免疫力。**如果还和以前一样，是过不去冬天的。所谓强身健体，就是企业从内部的经营思想、经营理念，到组织思想、组织方式，再到技术的应用、效率的提升，最后到现金流、商业模式，要有大的变化才行。

我们企业内部也在做强身健体的过冬准备。2022年3月21日，我在内部会议上讲话，提醒大家企业内外部环境发生了巨变，作为团队的"驾驶员"，必须“握紧方向盘，谨慎驾驶，小心翻车”，并把“提毛利、增利润”作为今后一段时间需要紧紧握住的“方向盘”。另外要关注“三正”：以提升正向现金流、正向利润、正效率增长这样的思想来抵御寒冬。

我认为延长企业生命周期的方法，就是不断迭代和不断创新。我有一句口头禅：“应对变化的唯一方法是学习，而应对周期和挑战的唯一办法是创新。”只有不断创新才能延长企业的生命力。一个不具备持续创新能力的企业，是很难基业长青的。企业要在模式和组织两方面进行创新：

第一，任何一家企业、任何一个模式，都要持续创新，只有不断创新，才能延长生命周期。

第二，在过去，企业是中心化的组织，是老板一个人说了算。未来，用户越来越个性化、多样化，企业需要敏捷、柔性的组织。如果组织方式不变革，生命周期也将是短暂的。企业内部要激发活力，外部要整合资源，这样企业才可能长久。

如何苦练基本功，逆势增长？

《决策之道》：您在集团“2022年度工作会议”中提到，“尽管形势严峻，但是站在历史的长河中来看，我们依然是处在伟大的时代”。在这样严峻又伟大的时代环境下，您周边的企业家们是什么状态？

汪建国：我们这一代企业家有个通病，就是高估自己的能力，低估环境变化带来的影响。巨变之下，企业家的精气神、冒险精神和创造性都会受到一定的影响。变化确实超出了我们的预期，我们很难对未来环境的变化和走势进行预判，而更不能预判的就是风险。面对挑战，我认为还是回归到信心和认知的问题，躺平是非常有风险的，越是困难越要有积极的心态去应对变化。变化是常态，我们做

不能等事情发生了再去赶潮流、赶风口，如果不布局就没有未来。

“应对变化的唯一方法是学习，而应对周期和挑战的唯一办法是创新。”

事和思维的方式、底层逻辑都要发生变化。

《决策之道》：把危机变成机会，企业才能逆势增长。企业怎么苦练基本功？这是很多企业想要得到的锦囊。

汪建国：首先谈谈我发现的两个现象。

一是把技术“神圣化”了。大家都在说赶快搞数字化，不然就是死路一条，但我认为脱离企业业务简单地搞数字化和因为数字化而放弃了原先的基本动作、自废武功，也是不可取的。零售企业顾客的体验和交流是很重要的，技术实际上就是工具，如果放弃了顾客的交流、放弃了体验的场景，一个小店也搞线上卖货，长此以往，不做擅长的事情，反而做不擅长的事情，就是自废武功。技术是手段，企业要用各种手段和顾客建立关系，例如孩子王的社群营销。但是，数字化并不是所有企业都需要搞，有的企业本身赚钱就不多。

二是把企业复杂化了。做企业应该是简单的，如果我们整天都在学习理论和思想，但是不去结合企业的实际情况，反而越搞越复杂。

所以，在这样的背景之下，我认为要回到基本面，苦练基本功。

基本面就是本质，商业的本质就是创造顾客。无论经济和市场环境怎么变化，商业的本质不会改变，有了顾客就抓住了根本。**管理的本质就是提高效率，组织的核心就是调动人的积极性，激发员工的热情，经营的本质是创造利润，带来价值。**

企业越小越是要简单，大道至简！文化要末端化，要驱动员工做事。员工拼命干，肯定没问题；员工松懈了，就会有问题。小齿轮都转起来，大齿轮也就不怕了。

现在很多企业把组织结构、治理结构都搞得很复杂，却把基本功丢了。基本功和基本面，就是要不断寻找顾客，给顾客带来使他们喜出望外的价值。通过商业指标来衡量，如果顾客不断增加，复购率不断增加，客单价不断增加，那么企业就不需要担心。

《决策之道》：如您所说，企业家面临着诸多不明朗，不少人对未来比较悲观，如何能让企业家们重拾信心和热情？希望您能给予他们一些鼓励。

汪建国：外部环境是改变不了的，能改变的只有内部的东西。改变内部的东西就是回到基本面，回到顾客层面，多做顾客满意的事情。只要用户在，我们就围绕用户做研究，练好基本功。

经济学家和媒体人对经济可以进行研究，但是企业家还是少关注比较好，尤其是中小企业家，我建议应该弱化对宏观层面的判断和研究，研究多了不能改变自己，反而还受别人影响。环境对企业的影响是有的，但没有那么大，也不是绝对的。举例来说，即便出生率下降，孩子王只做了1%，也是几万亿元的市场；即便经济下行，但农村市场还是有很大空间，汇通达也做了1000亿元。就像我现在也做投资，环境恶劣，那我投资就谨慎一点，达不到预期就不投，这也并不是坏事。

我对一句话感触很深：“现状很难描绘，未来很难预测，一切皆有可能。”

站在历史的长河来看，灾难和危机都是阶段性的，我们仍然处于一个伟大的时代。无论经济上行还是下行，都是一个好时代。社会的发展和进步是螺旋式的，现在转折向下，意味着很快就会转折向上。

对企业来说，下行的长周期不代表没有发展的机会，个体仍然有成长、上行的可能性，这个认知很重要。企业家要更多地看到希望，加快内部的变革，把坏事变成好事；不能犯错误，要更加有效率，

员工拼命干，肯定没问题；员工松懈了，就会有问题。

对企业来说，下行的长周期不代表没有发展的机会，个体仍然有成长、上行的可能性。

为顾客做得更好一点，激发企业内部的力量，提升效率。

我们不能把宏观环境作为企业做不好的借口，要做好企业本身，主观意志非常重要，面对危机的态度和思维方式是决定命运的。认为危机就是危机，这是固定式思维；如果你在危机中找机会，把困难当机会看待，这是成长型思维。面对一些坎，我们要把它当成一个转折点。正因为大家都认为是危机，主观上你如果比别人更加积极主动一点，就有可能超越别人。因为别人在观望、犹豫、躺平，这时候你行动起来，就有机会。还有一个维度，正因为环境不好，才需要新的方法。如果你能创造新的方法，就有机会创造新的模式。IBM、卡耐基钢铁公司……很多伟大的企业都是诞生在危机之中、灾难面前的，把危机当作机会来看，才能真正渡过危机。

以上是我的思维方式，希望能给大家带来些启发。

采编：曹雨欣、刘靖阳

扫码阅读
汪建国内部讲话
《没有功劳的苦劳，都是徒劳！》

推荐语
日本家族企业对抗危机的一手观察

高鸣飞 推荐

家族风险官、
北京德谕泽律师事务所创始人、律师

作为专门研究家族企业可持续发展（传承）的律师事务所、家族风险官——德谕泽律所在2020年接受关于破产咨询千余次，其中多次是企业主在深夜前来咨询，就在其他人熟睡的时候。

家族风险官已经研究了关乎传承的192个风险源并实践了解决方案，制定了全国团体标准《传承法律风险管理指南》（T/CAB CSISA 0026—2021），但面对企业家的焦虑，目睹他们用无数个日日夜夜的付出、坚忍和健康建立的企业即将轰然倒塌，我们也陷入了深深的思考：我们还能为企业和家庭的可持续发展做些什么？这些企业背后可是千千万万个员工、家庭啊！

家族风险官认为：过去，企业家向国外学习先进的企业管理经验；现在，也要学习穿越周期与对抗危机的传承经验。在2021年，我们结合实践经验，全面系统地梳理了家族企业传承的共性问题，结合各个受访家族的特点，采访了目前世界上百年以上企业最多的国家——日本的百年企业现任传承人，探究企业穿越历史的经验。

我们的观察是：没有任何一家百年以上的企业没有经历过战争、瘟疫、自然灾害、经济变化、选择接班人……那么，他们是如何应对的呢？

我们的总结是：第一，世事无常，无论发生什么，心态上都要接受；第二，要打通“魂—道—法—术—器”，从而具备强大的适应与应变能力。

“魂”：使命。百年企业都非常清楚自己存在的使命。我们采访的细尾家族（已传承330多年）继承人说：“顺与不顺，把坚守使命视为天职。”

“道”：本质、规律。百年企业屹立不倒的原因，可以阐述为“3根支柱、1个根基”。“3根支柱”即下文对塚本家族（已传承150多年，现为第6代）的采访中提到的“三方好”原则，“1个根基”是家训和经营哲学。

“三方好”原则中的“买方好”，不只是在购买产品或服务的当下让客户感觉好，而是几十年过后还会让客户感觉产品或服务好；不只追求“企业百年”，也追求“客户百年”。

“3根支柱”在不同时期发挥的作用不同，应随机组合、应变。比如，企业受新冠肺炎疫情影响缺少客户，再怎么坚持“买方好”也无济于事，如果内部管理再不稳固，就更难以应对危机，所以此时重点在于“卖方好”——增加留存收益以保住企业，尽量避免裁员以保住员工，坚持到经济回升，再依靠“买方好”原则服务客户。

在采访中，塚本先生也提到，在好的时候要坚守家训，不好的时候一样要坚守。

“法”：方法、系统。此次采访中提到了“三分法”，即为了不断迎接新的挑战、分散风险，将事业分为三部分：固有事业、创新事业、挑战型事业。

“术”：具体做法。面对不同的问题，具体做法不同。给我留下最深印象的是柊家旅馆（已传承200多年，现为第6代），其在日本是知名度与服务的顶级代表之一，是很多名人、政要的住宿之选。为了营造“来者如归”的氛围，在供应商选择上，柊家旅馆的女将[1]除了注重挑选产品，更会细致到注重分辨供应商的人品，以免因供应商人品影响产品，影响营造“来者如归”的氛围。

“器”：辅助经营与传承的工具非常之多，其中，法律风险管理、公益和收藏是大多数家族企业会选择的。

柊家旅馆的受访人说：“风险来时总是不打招呼，不管我们如何认真工作，不得不对一些事情做出切割。”

“人类真的越来越难以猜测灾难到底会在什

① 女将，即家族经营的高级日式料亭或高级日式旅馆的女主人。

么时候、在哪里、对谁发生，必须从小进行防灾训练"，生田家族（已传承100多年，现为第3代）①的受访人说，生田家族的经营哲学是："既然客户的目标是世界第一，我们就肩负提供满足相应品质需求机器的使命。"

新冠肺炎疫情暴发后，生田家族不但未受影响，销售额反而有所增长。受访人说，虽然新冠肺炎疫情对各行各业都有冲击，但对于有风险意识、平常都会制订风险对策的企业影响很小。这与股神巴菲特的"人生两件大事——赚大钱、防大险"的观念不谋而合，也是德谕泽律所的使命——传承法律风险管理。

人是最重要的因素，请在日理万机中不要忘记对下一代的言传身教。

春夏秋冬皆人生，最关键的是在春天播种了什么，然后点滴积累。

作为正和岛岛邻，我很高兴能分享日本家族企业的历史传承经验。如果读者有类似传承案例，欢迎发至我的邮箱：mingfei.gao@deyuze.com，共同探索。

一切都会好的，希望必然来到。

① 生田家族经营生田产机工业株式会社，其创立于1919年，主要从事铜和铜合金等金属生产设备以及各种产业自动化机械的设计制造与销售，长期给一些大企业提供服务。

150多年的日本家族企业如何穿越历史?

塚本喜左卫门 口述

日本塚喜集团
代表取缔役社长
(董事长兼总经理)

截至2020年，日本共有百年以上历史的企业33259家，目前还在以每年1000家的速度增加，其中制造业企业8344家，占比25.1%，零售业企业7782家，占比23.4%。日本长寿企业如此之多，究竟是如何对抗时间的风浪，跨过兴衰的周期的?

日本京都的塚喜集团于1867年创立，已有150多年历史，除了主营和服业务外，还经营珠宝、毛皮和房地产业务。家族风险官、北京德谕泽律师事务所创始人、律师高鸣飞对话72岁的塚喜集团社长塚本喜左卫门，向他探求从时间与风险中萃取的企业经营之道。《决策之道》摘录如下，以供读者参考。

“三方好”是原则，“三分法”抗风险

高鸣飞：您是近江商人[①]的代表，近江商人提出的“三方好”经营哲学闻名于世。您能否介绍一下什么是“三方好”?

塚本喜左卫门：“三方好”是指“卖方好”“买方好”“社会好”，这是我们近江商人一直坚持的原则。

“卖方好”，指卖方一是要时刻确保收支平衡，保证盈利；二是要不过度依赖他人，实现独立经营，坚持自己的经营哲学，规束自我。这是我们一直坚持的出发点。

“买方好”，指让客户满意。如何满足客户的需求，使客户得到真正的喜悦，这才是卖方的竞争力所在。只让客户

① 近江商人，日本京都附近的滋贺县近江八幡、日野町、五个庄町三个地方外出经商的人的统称。近江商人遍布日本，不少近江商人开创的企业，例如丸红、伊藤忠商事、西川产业等，至今依旧繁荣；近江商人的核心经营理念“三方好”，将追求企业永续发展而非追求利益最大化视为经营最高目标，更构成了日系经营的核心思想。塚喜集团体量不大（其官网数据显示，截至2022年5月，集团共有289人），却是典型的日本家族企业，创业家族目前掌握全部股份，传承六代经营至今。

一次两次满意也是不长久的，更重要的是客户对企业的信赖能否延续到下一代，企业能否长久运转。

“社会好”，指企业的重要使命是服务社会，比如纳税、提供就业岗位等，服务社会归根结底也是让企业自身受益。因此，企业不应该只考虑自身盈利，而是要更多地从他人角度出发，提升自我境界，以服务社会为己任。我认为企业应该胸怀这样的格局。

只让客户一次两次满意也是不长久的，更重要的是客户对企业的信赖能否延续到下一代，企业能否长久运转。

高鸣飞：您在商业生涯中经历过哪些风险，又是如何克服的？

塚本喜左卫门：26岁时，我创立过一家企业，也许是因为作为商人的经验还不足，遇到了许多挫折。那时候我年轻气盛，容易患得患失，感到压力很大。在这种情况下，我在和服业务之外，开拓了皮毛、宝石等业务，当时这些都是新兴的商机，市场还不饱和，所以赚了很多钱。

作为商人，我从这段经历中成长了不少，吃了很多亏，也积累了很多经验。我将自己的经营手法称作“三分法”。有的行业能够长期发展，有的行业则会逐渐衰败，如果只专注于一个业务、一个行业，就可能面临风险。因此，我的主要业务以及资产均使用了“三分法”，分成三个部分，这样在遭遇危机或重大困难时，即使其中一个或两个部分受影响或被摧毁，仍能有一部分继续存活。

我坚信危机中蕴藏着机遇，机遇亦伴随挑战，这个过程是非常刺激的。就像现阶段，由于新冠肺炎疫情影响，我们公司的主营业务（和服）销售情况不太理想，但在股票和不动产上获得了很大收益。

和服行业是传统行业，像西阵织[1]等传统工艺需要保护和坚守，要振兴行业，当务之急是保护、培

① 西阵织，织物名，为日本国宝级的传统工艺品，以多品种、少量生产的方式为特色，因出产于日本京都的西阵地区而得名。

养从事传统工艺的优秀人才，因此育人是眼下最重要的任务。另外，生产的商品也要符合人们的生活需要，如果总是一成不变，生意自然做不下去。所以创新势在必行，必须生产符合时代要求的产品。

企业发展150多年有一个最关键的点

高鸣飞：在塚喜集团150多年的发展史中，您认为最值得关注的是什么？

塚本喜左卫门：我认为最关键的是企业的凝聚力。在家族事业中，亲情或者说家族成员的团结是非常重要的。

高鸣飞：您的家训是“积善之家，必有余庆”（见图2），这条家训传承多少年了？您如何理解它？

塚本喜左卫门：众所周知，这句话出自中国的《易经》。无论是从中国传来的儒家还是佛教，这些以汉字为载体的文化都对日本人产生了深远影响。日本人长期浸润其中，并未将这些看成外来思想，而是久而久之，当成了日本的传统思想。

我们的家族企业始建于150多年前，这条家训应该是在140年前请当时的书法家写的。生意好的时候，这条家训让我们引以为鉴；生意不好的时候，家训也激励我们更要尽心尽力服务社会。

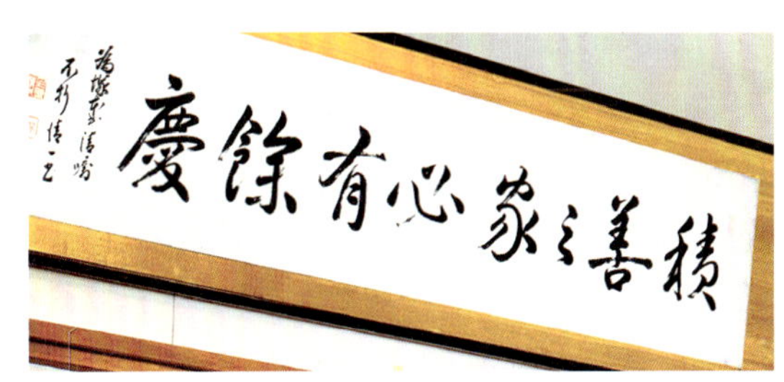

图 2 塚本家族家训

高鸣飞：您家还有一幅画，叫《三代之鉴》（见图3），您作为家族第六代传人，看到这幅画时有何感触？

塚本喜左卫门：我们家族的事业在世代更迭中遭遇过政权交替、全球恐慌、经济危机、地震来袭，现存的古老宅地中展示着家训以及成功、失败的案例，用于对后人的教育。

看到这幅画，我想到的第一点是“三方好”理念，第二点就是好的生活习惯。我今年72岁，保持精力充沛的秘诀在于作息规律：每天3点半起床，散步30分钟，照顾好家里的狗之后，4点钟就开始努力工作。养成朴实、节俭的生活习惯是非常重要的。

近江商人非常重视人格和人品，我们不仅要培养经营者的业务能力，更要培养经营者的人格和人品。家庭是我们的根基，我们在家族成员的培养上下了很大功夫。

我有三个孩子，对孩子们的培养和教育从小学时代开始。我们家经常在餐桌上讨论各种商业话题，比如最近什么样的业务成功、碰上了什么样的困难之类。哥儿仨从小就习惯边吃饭边讨论，对此习以为常。此外还有家庭学习会，也是从孩子们上小学开始，他们长大成人后依然坚持每月举行一次，有时还会根据学习题目设置一定的奖学金。学习会上要针对个人性格当中的优点和缺点进行分析，还要学习、讨论各种业务的专业知识，以及资产运用和不动产投资知识，增强判断力。

如果孩子不从小学、中学时代开始培养，形成丰富的知识储备和好的工作状态，长大后就无法习惯高强度的工作。可以说，坚持“三方好”理念并保持良好生活习惯的人，就是近江商人。

《三代之鉴》

画作主旨：
· 尊重先祖，
第一代的精神不能忘记；

· 立下远大志向，
为世间、为他人做出贡献；

· 俭约，早睡早起，
养成积极、努力工作的
生活习惯

图 3 《三代之鉴》

高鸣飞：您更关注未来接班人的哪些素养和能力？

塚本喜左卫门：首先是人品，能不能包容大家是至关重要的；其次是赚钱的能力；最后是要能事无巨细地观察并做出不偏不倚的判断，能够四平八稳地经营企业。

有的行业能够长期发展，有的行业则会逐渐衰败，如果只专注于一个业务、一个行业，就可能面临风险。

高鸣飞：家族里如果出现玩世不恭、贪图享乐、没有德行的接班人，怎么办？

塚本喜左卫门：比起血缘传承，近江商人更重视企业传承。

在我们家族中，养子继承家业很常见。家族祖上第二代、第三代都没有孩子，是从亲戚家过继养子。从我这一代开始，又变成亲生子继承家业。养子制度是日本企业传承经久不衰的原因之一。

如果家族会议或管理层会议认为哪个孩子不擅长经商，或者出现危害企业的情况，不具备继承家族企业的资格，就会勒令他退位，禁止他经营管理企业。日语中有一个说法叫“勒令隐居”。

“我们有一个像墓碑一样的功臣碑”

高鸣飞：您的家族会议有哪些主要的议事规则？

塚本喜左卫门：我们家族旁支的房间，称为“别家室”，左边挂着我们家族祖先的照片，中间是刚才提到的家训“积善之家，必有余庆”匾额，右边是这150多年来企业骨干成员的照片。

“别家室”里每个月都会举办例行的“别家会”，与会的都是企业中上了年纪的有功之人，都是些行家、业务老手，可以说在企业工作了50多年，一直工作到了退休，对企业的优势和弱点了如指掌。

每次开会大家都非常严肃认真，作为社长，如果我挑好的来说，回避问题，这些深谙内幕的行家就会提出尖锐质疑。“别家会”上的讨论对企业的专务董事是比较苛刻的，有时甚至会提出撤换专务董事人选。企业的接班人有时也会成为批评对象。

我们有一个像墓碑一样的功臣碑，里面供着已经过世的企业功臣们的骨灰，每到盂兰盆节的时候，大家就聚在一起祭奠功臣。

我坚信危机中蕴藏着机遇，机遇亦伴随挑战。

高鸣飞：您的家族会选择从事哪方面的公益和慈善呢？

塚本喜左卫门：首先，“三方好”中的“社会好”，并非指一般意义上的“社会”，而是指有缘人。我们相信“缘分”，回馈有缘人是“社会好”的出发点。因此，为近江商人的发源地五个庄町做出公益贡献是放在首要位置的。

其次，我们的本行是和服生意，因此我们的社会贡献与和服、西阵织、京都友禅印染[①]等相关，比如为西阵织朝日美术馆做解说，举办友禅设计大赛、皮毛设计比赛，通过各种形式致力于行业振兴。还有，与文化遗产相关的古代建筑保护也是我们致力的项目。

最后，我有一个心愿，就是举办母校的同窗会，为母校发展略尽绵薄之力。在家族看来，这是一件非常小的事，对我来说却是莫大的乐趣。

家族企业最重要的是什么？

高鸣飞：很多人都听说过，您的父亲留下了30多个瓶子，里头装满了用小刀削到短得不能再短、不能再用的铅笔头。您看到这些瓶子和铅笔头时的感受是怎样的？

塚本喜左卫门：那一瞬间的感受吗？我现在拿过来，就是这个（见图4）。

看到这些瓶子，我最初想到的大概是打开瓶盖就有父亲的味道。父亲当年每天早上3点起床，先削铅笔再工作，这些铅笔头就像父亲的分身一样。

后来我自己工作之后，父亲对工作的执念也感染了我。时至今日，我才明白这就是父爱。这些铅笔头蕴含着父亲的生活态度、对工作和公司的感情、对家人的感情，象征着父亲的爱。

说到这里，我想“三分法”对近江商人是很重

① 友禅印染，日本最具代表性的染色技法之一，对水质要求很高，据称京都是名水之都，在此染成的布料质量更好。

图 4 塚本喜左卫门展示存放父亲留下的铅笔头的瓶子

要的，能够保护财产不贬值，这是毫无疑问的。但是，在经商过程中，我发现有比“三分法”，甚至比财产更重要的事，那就是要做到宠辱不惊。人赚了钱就容易懈怠，所以无论一帆风顺还是身陷低谷，都应该坚持好的生活习惯，早起工作，我认为这样宠辱不惊的心态非常重要。

但是，即使有了“三分法”，财产得以保值，也拥有了宠辱不惊的心态，一旦战争爆发，财产还是很难保护的。第二次世界大战中，我的父亲被征兵参战，回来之后，整个日本已经变成了废墟，土地也好，股票也好，全没了，这种时候谈宠辱不惊也没有意义，就像遭遇了一场交通事故，人死了就什么都没了。

回到父亲留下的启示这个话题上，对于一个家族企业来说，到底什么才是最重要的呢？我想，还是对家人的爱最重要。另外，员工们的信赖也非常重要。我父亲那一辈在第二次世界大战发生的一段时间里是没办法做生意的，战争结束后，很多老员工又回来了，正因为员工们的信赖，我们才渡过了难关。还有一点就是供应商、客户多年以来对我们的信任也是非常重要的。

总而言之，前面提到的“三分法”也好，宠辱不惊的心态也好，虽然也重要，但是最有价值的还是最后说的这三点。

摘编自北京德谕泽律师事务所出品的纪录片

《对话百年家族——传承风险管理访谈实录》

编辑：王夏苇

扫描二维码

观看纪录片

推荐语
“三好”并购

熊焰 推荐

国富资本董事长

单伟建先生是PE（私募股权投资）大佬，他的经典、成名之战，就是韩国第一银行（以下简称韩一银行）的并购，以及后来的深圳发展银行的并购。企业并购是市场经济中的高级操作。韩一银行并购是一个非常经典的低点买入、对症下药、价值重构、点石成金、高点卖出的案例。

首先是好眼力。第一，单先生准确地预判了宏观经济环境，判断出在当时的经济危机之后，韩国经济会快速恢复；第二，他准确地把握了底线，就是政府对银行的不良资产兜底，当时韩一银行的价值已经下跌了85%；第三，他的合伙人有对好银行、坏银行的处理经验以及方法论，等于手上有了一套好工具；第四，单先生与合伙人对于用新一代信息技术改造传统银行心里有底。

其次是好生意。在充分竞争的市场里，好生意的关键是双赢，大生意最难得的就是设身处地、将心比心、坦诚共赢。韩一银行交易的对手方是政府官员，单先生准确地把握了官员在决策上的特征：他们对项目未来的经济收益不敏感，对于可能出现的风险却要担责。因此，在与政府官员的谈判中一定要打消对方的顾虑，减少猜疑。单先生的团队向对手方分享财务模型的做法，可谓神来之笔。

最后是有好手艺。单先生的团队接管韩一银行之后，实施了审贷分开的方案，防止了腐败和不一致性。通过信息化的办法，大幅度地提高了管理质量，同时很好地平衡了大客户与中小客户的集中度的问题，而且，最让人佩服的是他们在选任CEO上的决断与眼力。

我也是PE投资人，我很佩服单先生所说的“投资最好是集体决策”。投资最重要的不在于投了多少个好项目，而在于少踩了多少个坑。少犯错误，就会活得久、走得远，因此一定要坚持专业化的路线，只干自己擅长的事情。当然，投资就是投注未来，未来是不确定的，所以投资的50%靠眼光、情商和手艺，另外50%靠运气。

“中国私募之王”：如何让危机中的企业起死回生

单伟建　独家口述
太盟投资集团(PAG)执行董事长

这是海内外投资界的一个经典案例。

20世纪90年代末的亚洲金融危机期间，韩国多家银行濒临倒闭，其中包括曾为韩国最大商业银行的韩国第一银行。危难之际，单伟建率领当时所在的新桥投资团队历经数轮谈判，与韩国政府达成并购协议，共同投资9亿美元改造韩一银行；5年后，韩一银行起死回生，新桥集团以33亿美元售出其股份及权益。某种程度上，这也改变了韩国经济的走向。

被《财富》杂志称为“中国私募之王”的单伟建在新书《金钱博弈》中以亲历人的视角详细记录了拯救韩一银行的故事。限于篇幅，《决策之道》对话单伟建的本篇访谈，主要呈现他在危机中如何抓住机遇、改造收购企业关键环节的片段。

《决策之道》：您在《金钱博弈》这本书中提到，韩一银行并购案的漫长谈判过程涉及非常复杂的因素，如韩国政府的复杂要求、社会舆论的误解。那么，处理复杂并购案的关键要素是什么？

单伟建：很多要素都起了作用，很难一言以蔽之。我觉得最关键的有两点。

第一，知己知彼。如果只知道自己的需求，不知道对方的诉求是什么，双方很难达成一致。

第二，双方相互信任。商业谈判也好，做交易也好，如果双方没有基本信任，那事情就很难做成。

《决策之道》：在建立信任方面，您有什么经验分享给大家吗？

单伟建：我觉得很简单。

第一，要做到尽可能透明，不能让人完全捉摸不透。你坦诚的时候别人也会坦诚，不过，坦诚并不等于把所有的想法都和盘托出。

第二，自己做到言必信，行必果。我跟别人谈判的时候，如果签订了协议，之后即便觉得自己吃亏了，也绝对不会改变，信用就这样建立起来了。

《决策之道》：在书里，您提到谈判僵持不下的时候，把财务模型公布给对方。这是一种非常坦诚的做法。

单伟建：一般来说，谈判的一方是不必把自己的财务模型交给对方的，但是当时情况比较特殊，我们的谈判对象是韩国政府。

在任何一个国家，官员都不愿意承担风险。为什么？对于私人企业老板来说，承担风险后，如果成功的话会有收益。但是对于官员来讲，成功了无非就是受到上级表扬，但是失败了的话，政府官员需要承担非常重大的责任。

对方代表国家来谈判，决定是否出售国有资产，生怕我们赚的钱太多，导致他们对纳税人、对政府无法交代。明白了这一点，我们干脆就和盘托出，把财务模型和所有的假设都告诉对方，让他们挑战我们的假设，比如我们认为韩国经济下一年会有2%的增长，他们可能认为会有4%的增长，然后双方一起讨论，逐步达成一致。

韩一银行改造的关键在哪里？

《决策之道》：达成合作之后，您带领的团队收购了韩一银行的控制权。后来您又带领团队收购深圳发展银行的控制权，两个投资都取得了巨大成功。您和团队是如何做到一次次把企业带到高速发展的阶段中的？

单伟建：我想这涉及私市股权投资这个行业是

商业谈判也好，做交易也好，如果双方没有基本信任，那事情就很难做成。

并购投资创造价值的最主要方法就是改善企业的经营、策略、增长的前景。

怎么创造价值的。

国内一般把Private Equity（PE）翻译成私募股权，但它的原意是在非上市公司当中投资，“私”指资金到哪儿去，而非从哪儿来，所以应该翻译成私市股权，而不是私募。相对地，股票市场投资，我们叫Public Equity，即公众市场投资。

私市股权投资中有不同的类别，比如风险投资、成长型投资等，我们专注的是并购投资，也就是收购控制权类的投资。这三类投资有很大的不同：风险投资和成长型投资一般持有少数股权，需要支持创办人、管理层，随着企业成长获取价值。并购投资的对象通常都是有相当历史的企业，可能这个阶段经营得不好，或者还有提升的空间，主要是通过收购控制权之后改善企业经营来创造价值。

我在《金钱博弈》这本书里谈的是收购韩国曾经最大的商业银行的经历。我们是怎么创造价值的呢？收购韩一银行的控制权之后，我们将其全面改造。**第一，建立严格的风险控制体系**。我们分析它倒闭的原因是没有控制好风险，不良资产太多。**第二，改变战略**。从以对公业务为主变成了以对私业务为主，创造了新的价值增长点。

《决策之道》：您风轻云淡的叙述背后其实有很复杂的故事。在改造企业的过程中，您觉得最大的挑战是什么？

单伟建：每一个企业不一样，存在的问题也不一样，所以很难一言以蔽之。比如有的企业是战略有问题，有的企业是管理系统有问题。

比如对于韩一银行，改变它的战略非常重要。韩一银行的贷款过去集中在大企业，亚洲金融危机时几家大企业破产，还不上贷款，就把这家银行拖垮了；零售业务则相反，风险非常分散，一个人还不起贷款，对于银行整体几乎没有什么影响，而且贷款利率相比企业贷款更高。我们接管之后，确立了把主要业务向零售业务拓展的战略，这样不仅风险分散了，而且利润率提高了。

《决策之道》：这对投资人有很高的要求，比如要具备投资后改善企业的能力，帮助企业发现未来增长点的能力。目前国内在这些方面其实还是比较欠缺的。

单伟建：是这样的，这也是并购投资和其他类别的投资的不同。比如说做风险投资和成长型投资，基本上是少数股权投资，你没有控制权，不可能也不愿意更换企业管理层，因为投的就是管理层的能力，换了管理层恐怕就没有价值了。

并购投资完全不同，创造价值的最主要方法就是改善企业的经营、策略、增长的前景。我们有一个投后管理团队，他们往往起到管理咨询公司的作用，帮助管理层来制定战略，改善财务管理等。

我们并购之后，一般会确保企业管理层是最好的管理层，首席执行官是最佳人选。找到这样的人选，就会给他很强的股权激励，把他的利益和我们的利益完全捆绑在一起，他赚钱我们就赚钱，我们赚钱他就赚钱。奖罚也是非常分明的：干得好的话，有很大的收获；要是干得不好，我们会毫不犹豫地把管理层更换掉。

投资类型不同，需要的能力也不同。不同类型的投资，没有高低之分，只是方式各异。

《金钱博弈》
单伟建 著

中信出版社
2022年5月

如何做出精准的投资决策？

《决策之道》：对于投资来说，在合适的时间节点买入和卖出都很重要。您投资过腾讯音乐、乐信、优然牧业、奈雪的茶等企业，时间节点都把握得很好，您是如何做出这样精准的投资决策的？

单伟建：没有人可以做到完全精准的判断。投

如果忽视了运气的重要性，把自己的能力判断得太高，尝试太多能力之外的事情，就会承担很多风险，往往会出现失误。

资做得好不好，主要取决于几个因素。

一是判断。好的判断基于经验和知识，你对行业了解越多，对整个市场了解越多，就越有可能做出好的投资判断。

二是勤奋。懒懒散散想撞大运的人，我想是很难成功的。一定要很勤奋，勤研究、勤思考，做很多方面的调查。

三是运气，这一点的重要程度甚至超过其他因素。运气不好的话，喝口凉水都塞牙，运气好的时候什么都挡不住。这不是开玩笑，必须得认识到这一点。如果忽视了运气的重要性，把自己的能力判断得太高，尝试太多能力之外的事情，就会承担很多风险，往往会出现失误。

《决策之道》：您曾提到在团队内实行集体决策，太盟投资也规定了经过投委会一致同意才能做一个项目，每个人都有否决权。如果需要得到每个人的认可，会不会错失一些机会？

单伟建：当然有了，有错失的机会，也有不利的情况。在这个行业大家都喜欢谈过五关斩六将的故事，不大喜欢谈走麦城的故事。实际上没有人从不失败，只不过大家都不愿意谈罢了。

我之前讲运气是非常重要的，所以人要有自知之明，要认识到每个人都有自己的局限，所以集体决策很重要，集思广益就能尽量少犯错误。在并购投资行业，一个项目至少会投资几亿甚至几十亿美元，如果投资失败，亏损是巨大的；相较而言，错失一个投资机会不是灾难性的事，至少钱还在。所以在我看来，投资最重要的是避免犯错误，而不是投出一个很好的项目。如果冒险，犯了大错误，就更可能失败。

在过去十几年里，太盟投资投了700亿美元，其中有几个小的失败案例，这样的错误比例足够低，不会对公司收益造成太大影响。

投资最重要的是避免犯错误，而不是投出一个很好的投资项目。

《决策之道》：您提到过不太从事科技行业的投资，能否分享一下，您看好哪些行业？

单伟建：这并不是说我们对科技行业不感兴趣，我们对科技行业也是非常感兴趣的，但是我们做私市股权投资的特征是要考虑一个公司的历史和现金流。

如果这个企业刚刚创办，还没有现金流，我们难以估值、作价。风险投资公司、成长型投资公司可能有这种能力，对于我们来说就比较困难。此外，我们更倾向于有控制权的投资，但对科技企业来说，管理层不太可能直接换成我们自己的人。如果对创办人的理念、技术、能力不信任的话，我们干脆就不投资了。

所以投资方式的特征，造成我们的投资对象鲜有科技企业，而基本上是比较成熟的企业。比较早期的投资，我们是难以判断的，这不是我们的强项。

"中国仍然是投资机会最多的地方"

《决策之道》：太盟投资去年在中国的投资超过50亿美元，主要投资方向都与国内消费有关。您说过"在亚洲乃至全世界，中国仍然是投资机会最多的地方"，如何理解这句话？

单伟建：就GDP总量而言，2021年美国破23万亿美元，欧盟是17万亿美元左右，而整个亚太地区有33万亿美元，中国占比超过一半，近18万亿美元。中国的GDP比欧盟的还要大，约为日本的3倍、印度的6倍，并且中国市场仍然在不断扩张，不断增长。比如说如果一个商业模式在北京是成功的，那在天津、在上海也可以成功，可以在全国迅速扩张，产生一个全国性的企业。所以对企业来说，和外部资本合作，有利于自己扩张，避免被竞争对手挤掉。因此私市股权投资在中国扮演了重要角色。

在其他地方，比如在日本投一个企业，就没有什么扩张的余地。我们在日本的并购业务主要是重组——日本企业往往很庞大，需要把某些业务给拆分出来。对我们来说，并购也可以把日本先进的技术和产品引入中国，因为中国有增长的市场，但某些方面缺少技术和产品。

全世界没有哪个国家的企业像中国企业这么需要扩张的，因此中国的私市股权投资市场比任何市场都活跃。

中国市场还有一个特点和美国市场相似。亚马逊、谷歌、微软都是美国企业，在欧洲就很难有这样的新经济超大型企业，为什么？虽然欧盟在很多地方是相通的——统一的货币、海关体系；但是也有很多不同，比如语言、文化。在一个非常多元化的市场，很难用一个模式获取整个市场。中国和美国都是庞大的单一市场，只要在一个地方取得成功，就可以迅速扩张到整个市场，所以中国诞生了阿里巴巴、腾讯、华为这些世界级的超大型企业。

“我做任何事都很认真，仅此而已”

《决策之道》：国内很多企业家在主营业务之外也尝试发展多元化业务，或者设立基金尝试投资。前不久另一位投资人对话正和岛时却表示，企业家不等于投资家，二者的特质并不相同。您有没有遇到过身份多元化的企业家？

单伟建：我曾经在美国沃顿商学院当教授，主讲管理学。传统观点认为经营要多元化，但到了20世纪80年代的时候，欧美出现了一个颠覆性的管理理念，很多研究人员认为分散风险是投资者才要考虑的事，而企业一定要有自己的核心竞争力，必

中国和美国都是庞大的单一市场，只要在一个地方取得成功，就可以迅速扩张到整个市场。

须得专业化，只有专业化才能把企业做好。这一理念后来广为接受。

要干你能够干的事情，这是很重要的。我们公司内部有三大业务板块——并购投资业务、私市贷款业务、房地产投资业务，后两者我知之甚少，完全不涉足，即使我是公司董事长、首席执行官，也不在那两个业务的投资委员会之中。我觉得自己去做股票市场投资大概不会成功，因为股票市场太有效率，大家掌握的信息都是相同的，想跑赢市场几乎是不可能的。而私市——投资非上市的公司——市场效率相对比较低，往往信息不对称，要跑赢市场相对容易。我深深认识到自己的短处，就专注于一个业务。

企业一定要有自己的核心竞争力，必须得专业化，只有专业化才能把企业做好。

《决策之道》：在您看来，要面对充满不确定性的环境，一个企业家最宝贵的特质是什么？

单伟建：我可能没资格给别人出主意，只能说，从投资的角度上，我觉得集取大家的意见，尽量控制风险，是最为重要的。

此外，我认为一个人要把事情做好，恐怕需要的不仅是一个特质。至于把企业搞好，那一定要对自己的能力有一定判断，同时对市场非常熟悉。最重要的还是专业化，做好自己的事情，不要好高骛远。

可能有些人有一种想一夜暴富的心态，我觉得这是不现实的，即使存在运气特别好、一夜暴富的现象，做事情也不能一开始就有这样的假设，只能假设有一个艰苦卓绝的过程，自己在对好的方向的判断上锲而不舍。

采访：史船、曹雨欣

编辑：田兴宇

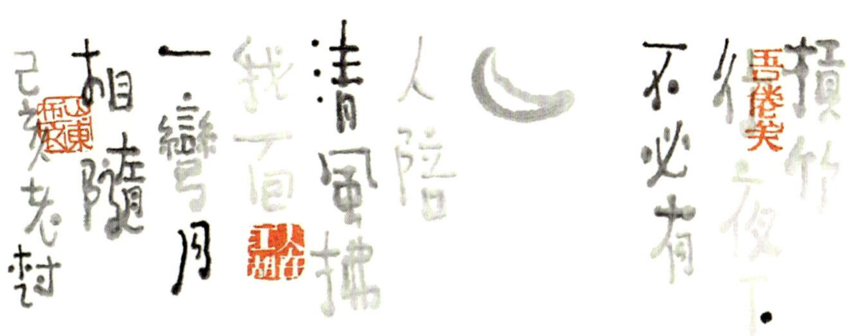

扛竹行夜下，不必有人陪。清风拂我面，一弯月相随。

插画摘自 @ 老树画画

有味

CROSSOVER

千江有水千江月：商业价值观漫论
——重新理解企业家精神（下）

田涛　独家撰稿
华为高级管理顾问

（一）

春风沉醉夜上海，和平饭店，爵士酒吧，小号声如湖水般倾泻于酒吧的角角落落，一位衣着光鲜的中年男子，与一男二女坐在门内侧的小桌旁，强抑的兴奋夹杂着频频的低语“干杯”声，邻座众客皆侧目冷视。Waiter(编者注：服务员)上前柔言相劝，男子则颇显不耐，放声喊道：“走！老子到别处去，老子今天高兴，要一醉方休！”

据说，此君当天刚刚入选“胡润百富榜”第××位。那天晚上，我正好落座于这位新晋富豪的吧桌不远处。

英国人胡润，从1999年开始每年都会评选中国富豪，并推出当年中国的财富人物排行榜。1999—2021年，“金色晚宴”年年有，流动的盛宴却是铁打的“榜盘”，流水的“首富”。

“首富”与“首负”一步之遥，岂止一个×××？富豪榜=“杀富榜”？“首富”之过？胡润之过？

大开放时代，缔造了普遍的繁华；大繁荣时代，成就了集体的非理性。

（二）

商人（企业家）之殇：

之一：多元化与金融化。千禧年前后，杰克·韦尔奇是诸多中国企业家膜拜的“教父”。随着GE（美国通用电气公司）在2018年被剔除出道琼斯指数（GE 1907—2018年长达111年入选该指数之中），不少模仿和追随韦尔奇管理思想的中国企业也相继衰相尽显。GE瘦身改革的第一步是去金融化，曾经染指金融业的中国企业也纷纷"断指切割"。

大开放时代，缔造了普遍的繁华；大繁荣时代，成就了集体的非理性。

之二："镀金时代"与旋转的红舞鞋。2009年，在一片"买买买"的非理性浪潮中，我曾著文《慎言海外大并购》，孤独吹起"丰卦的警讯"。机会主义为多米诺骨牌的倒下埋下了祸根：不止一个海航（编者注：海南航空）"野心撑死了理想"，"500强情结"膨胀了无数商人的巨婴心态，疯狂"买世界"大多留下一地鸡毛。

之三：商道之殇。野蛮生长，降维打击，唯快至上，垄断为王，假货、假信息与不断滋长的"新概念运动"漫天飞舞。一个病态的商业逻辑"先作恶，后从良"，使若干十亿百亿富豪拔节而出。

之四："富不过三代"之魔咒。初创期，勤劳节俭，清明克己；鼎盛期，奢华无度，奢靡无算；衰败期，人性溃烂，文化溃烂。一位曾经在制造业把生意做得红火鼎沸的企业家，也是一位在青藏高原捐巨资修建寺庙的"虔诚"的佛教徒，在鼎盛时以高息举债盲目扩张，为请一位演艺明星参加一桌夜宴而豪掷数万元，最终企业债台高筑，债主盈门，办公楼顶层每日早晚的诵经声也寂然了。

一个值得深入研究的话题——创业第一代的速成与速朽。值得深入研究的递进话题——关于李兆会与李兆会们。第二代接班人应该具备怎样的理念和人格特质？

奋斗与节制是企业家的元品格和元理念，无论是第一代、第二代，还是第三代。

（三）

做企业一步有一步的痛苦，一年三百六十五

日，不在危中即在困中。但也一步有一步的境界：云在青天水在瓶，千江有水千江月。何谓“云”与“天”，何谓“水”与“月”？道也，理念也。企业家起心动念都要好好照拂自己的理念，如果理念错了，根也就坏了。“念”乃大道，在一呼一吸之间，一言一行之间，一动一静之间。

什么是普遍的好的理念，即基本的价值观？常识是理念的基座，常识即真理。

常识一，谁是企业真正的“上帝”？客户。客户是唯一的、永恒的、至高的“上帝”。

常识二，谁是企业真正、长期的价值创造者？劳动者。劳动者包括知识劳动者与非知识劳动者，也包括企业家自身。企业家是资本、人才等诸要素的组织者与整合者。

常识三，在一个短周期内，“风口论”也许会带来爆发性乃至暴力性的崛起，但风会变速、变方向，甚至会戛然而止。而因果法则是恒定的：十分耕耘，三分收获；长期奋斗，基业亦未必长青，更何论撞大运能够撞出“江山永固”、运势代代传承？

华为何以能够从“一无所有”走到今天的卓越？根本因素是创始人任正非遵奉了常识，华为坚守了常识：以客户为中心，以奋斗者为本，长期艰苦奋斗。反之，当任正非抛弃了常识、华为背离了常识，华为的所谓“运”与“势”也会走向终结。

在商言商。企业家一生为生存与梦想而奋斗，但绝不可走向野心与力量的分散。你真的懂政治之道与术吗？真的懂国际关系吗？真的懂经济学吗？真的懂艺术吗？……名利不可兼得，逐利者不可逐名。什么人都可以成为“舞台”上的明星，唯独商人不能。

做孤独者。在企业内部不建圈子，警惕圈子，以理念之道与制度之器防圈子和拆圈子。在组织外部不建圈子，不进圈子，不走圈子。当你在江湖风月

企业家起心动念都要好好照拂自己的理念，如果理念错了，根也就坏了。

中尽享骄傲与虚荣时，浮梦消散，你很可能要用余生的尽失尊严和无尽落寞来偿还。何必呢？

有钱有权不可任性，慎戒“土皇帝思维”：对外狂言狂行，牛气冲天，盲目扩张；对内一言堂，以喜怒决策，持“奴才用人观”。

浪中行舟，保持平衡是舵手的天性。但在真正的市场浪潮、社会浪潮中，有几个人把住了理性之舵与本能的平衡？

企业家一生为生存与梦想而奋斗，但绝不可走向野心与力量的分散。

远离土豪做派。你真的乐于夜夜豪宴、夜夜笙歌吗？你真的需要出则前呼后拥、进则夹道相迎吗？10多年前一位哲人发论：私人商务飞机的背后隐藏着企业衰败的密码。此言虽显武断，但颇具多重隐义。建议企业家们阅读一本书《美第奇家族兴亡史》①。再建议企业家们阅读一本书《反社会的人》②，看看德国的富豪是怎么敛其财势、低调生存的。

守法经营。这是底线，永远的底线。**谨记：企业家自身的法律意识至为关键；企业的每一项经营行为都应该基于法律与契约之上；企业与企业中的每一个人（包括企业家自身）都是契约关系；企业的每一项管理政策、管理行为都必须循法与遵法；依法纳税既是底线，也是高压线。**

基本价值观稳如磐石的企业在竞争中将无往而不胜。

（四）

1933年，美国经济大萧条期间，“罗斯福新政”发起了针对垄断企业的进步主义运动。某月某日，“左右世界的大人物”杰克·摩根在美国国会听证会上接受质询：

① [英]克里斯托夫·赫伯特：《美第奇家族兴亡史》，上海三联书店，2010。

② [德]瓦尔特·伍伦韦伯：《反社会的人》，光明日报出版社，2014。

法官："1931年你缴了所得税没？"

摩根："没有。"

法官："1932年呢？"

摩根："没有。"

"世界上最富有的人没有缴纳任何税，却把大部分财富投入慈善，震惊了美国和整个世界。"[1]几年之后，摩根财团解体。一个"把婴儿与老虎放在同一个笼子"的低监管、监管缺位的时代也随之终结了。

这则故事带给中国企业家的警示岂仅是一个税务问题？做慈善当然有益于社会，值得赞赏。但我们是否首先需要检思：企业中员工的待遇如何？研发投入与创新成果如何？产品质量如何？合法纳税了吗？……

（五）

并非题外话之一：仰望星空，金山银山离天穹有多远？

公元前7世纪，古希腊哲学家泰勒斯夜晚走在旷野，抬头看着星空，墨蓝的天幕上挂满了闪烁的群星，他却预言：明天会下雨。就在他仰望星空之时，不小心掉入一个坑。别人救他起来，他依然在自言自语：明天会下雨……

德国哲学家齐美尔说：金钱有一点像上帝，但它只是通往最终价值的桥梁，而人是无法栖居在桥上的。

并非题外话之二：读书，读史，读人性，读兴衰律、兴亡律。

你去年读了几本书？你有多久没读书了？你平常主要读哪一类书？你每天有多少时间用于与直接管理无关的学习？你获取社会、经济、政治、国际关系

① [英]塞尔温·帕克：《大萧条启示录：1929年股灾如何使世界经济陷入衰退》，电子工业出版社，2009。

等的信息主要通过什么渠道？你每天花在微信、微博上的时间有多久？你每周有多少个饭局应酬？……

企业的战略困境大多源于理念困境与价值观困境，进而言之，极而言之，源于企业家不读书、读书少带来的思想贫乏与洞察力偏弱。

财富易逝，理念永存。

（六）

企业家是欲望与雄心、力量与智慧、忍耐与自制力、孤独与寂寞的复杂混合体。

卓越的企业家要耐得住寂寞：喧嚣红尘，方见定力。

甘于并欣赏孤独：谁让你选择做领袖呢？高山之巅一览众山小，风光无限，却又是冷寒寂寥的。

抗得住风险：风高浪急，方显领导力，方见承受力。

顶得住危机：危机是上帝送来的最好的礼物，化危为机既见意志力，又显战略力。

忍得住屈辱：胯下韩信成了大将军，狂傲的大将军韩信呢？

（七）

一年多前，我邀约陈为合写一部书，主题是：纵向传承、横向“拿来主义”与企业家精神。一年多后，这事就成了，书名为《理念：卓越组织的原动力》。

陈为是我的思想朋友，与他合作著书原因有二：一是读了他近几年的一些文章，理念上有颇多共鸣，而且我欣赏他的文字，不枯干八股，也不飘浮；二是这两年我自认有点分量的文章都和他有密切关系。他和他的同事曹雨欣女士是我家客厅、书房的常客，常常是一杯咖啡未尽，他和她就一个接

私人商务飞机的背后隐藏着企业衰败的密码。

金钱有一点像上帝，但它只是通往最终价值的桥梁，而人是无法栖居在桥上的。

一个问题抛给我，挑战我，激荡我，启发我，我的思想便如飞浪般一波接一波地涌动，几小时过去了，兴犹未尽。十天半月后，整理录音原汁原味发给我，我再一字一句大删大增，拆窗补门，经常是每篇文章反复折腾几十遍，与原始稿千差万别，仅余大骨架未变，但这个骨架才是文章的脊柱。而这个搭脊梁的过程大多是我们一起完成的。所以本书中我2/3的文字和思想有陈为先生和曹雨欣女士的颇多贡献，我衷心感谢他们。

几年前，华为总裁任正非几次建议和鼓励我：你可以多去讲，讲的时候会有很多思想火花冒出来，录上音，整理出来就是一篇大文章，每次讲不同的内容，合在一起就是一本书。我领受并践行了，的确受益匪浅。我的《理念·制度·人》《我们为什么要做企业家》两本书就是这种方法论的结晶。这种著述方式的最大好处是：一是思想高度浓缩，无须在一本大部头专著中“灌许多水”；二是聚焦于某个主题，从不同角度独立成章，思维可相对自由驰骋，有“破框效应”；三是于读者而言，少些时间上的浪费。《理念：卓越组织的原动力》秉承的仍是这一方式。

我和陈为共同认为，在今天全球大分化、大动荡的大时代背景下，中国企业和企业家阶层普遍面临着严峻挑战，这种挑战不仅是市场、技术与产品、组织等诸方面的，根本上是理念层面、价值观层面的深刻挑战。本书即侧重于“理念与企业家精神”这一视角，集结我们二人近些年各自的一些独立见解。虽仁智互鉴，但仍需读者批评和检验。

断续之论，是为本书之概要，代为序。[1]

编辑：曹雨欣

① 此文是《重新理解企业家精神》三部曲之下篇，也是作者与陈为合著《理念：卓越组织的原动力》之书序之一。

如何全面理解向军队学打胜仗？

宫玉振 独家撰稿

北京大学国家发展研究院
BiMBA商学院副院长兼
EMBA学术主任

“打胜仗”今天已经成为一个热词儿。“让打胜仗的思想成为一种团队信仰”，也越来越深入人心。很多企业借鉴华为以及军队打胜仗的经验，打造出了自己的高效常胜团队，提高了打胜仗的能力和素养。这对于提高企业的竞争力来说，是非常有意义的。

但是，任何事情都存在着过犹不及的风险。打胜仗没有问题，但片面地理解军队的打胜仗，反而会让企业走入误区。有些企业为了打胜仗而打胜仗，而忘了企业经营的根本目的；有些企业只是从作战的层面去理解打胜仗，而不是从更高的战略层面去打胜仗；有些企业把打胜仗变成一种运动，而不是从基本面上奠定打胜仗的基础；等等。因此，对于管理者来说，全面地去理解与把握如何打胜仗，就变得特别重要。

打胜仗来自军事，军事学界对于打胜仗早就有了全面的思考。从军事上来说，如何全面理解打胜仗，有四条理念可以供管理者参考，这就是：并不是所有的胜利都那么重要；还没打就已经赢才是最高的境界；也要有作战层面打硬仗的能力；长期的胜利一定是价值观的胜利。

并不是所有的胜利都那么重要

战争最大的特点是杀敌一千，自损八百。战争是一种暴力的对抗，而暴力的对抗往往会让双方都付出惨重的代价。所以西方有著名的“皮洛士式的胜利”的说法，来专门指战争中那些花费巨大代价才获得的胜利。皮洛士是古希腊伊庇鲁斯国王，曾经率军入侵意大利与罗马人作战。在赫拉克利亚战役和阿斯库伦战役中，皮洛士两次打败了罗马军队，自己却也遭受了重大伤亡，尤其是损失了大量的军官与骨干。所以当会战结束后，当有人向他祝贺胜利时，据说皮洛士叹息着说：“要是再来一次这样的胜利，就没有人可以和我一起回国了。”

战争中经常有这样的例子：赢了眼前，却输掉了长远；赢了局部，却输掉了全局。战术层面一时的胜利，恰恰导致战略层面的全盘皆输。企业竞争也是这个道理。有太多企业，就是因为太看重短期的业绩，反而损害了企业的长远发展。

战争的目的是什么？不是为了单纯地打败对手。**战争的目的，是为了给自己创造出一种更有利于长远发展的战略环境**。只有那些建立了有利于自己长远发展的战略环境的胜利，才是真正有意义的、有价值的胜利。

如果你打败了所有的对手，但是自己已经损失惨重；如果你取得了天下，但是天下已经残破不全：这样的胜利、这样的天下，有什么意义呢？上面所说的皮洛士，毫无疑问是一名优秀的战术家，然而却缺乏政治头脑和战略眼光，因而取得了无数轰轰烈烈的战绩，所获的却只能是残局和惨胜。

同样，企业竞争的目的是什么？不是为了单纯的胜利。**竞争的目的，是为了给自己创造一种更有利于长远发展的战略环境**。如果你打败了所有的对手，但是整个行业已经被打烂了，这样的胜利有什么意义呢？我们看到太多这样的例子：行业中不断升级的恶性竞争，一步步演化成竞争者的彼此伤害，最终使整个行业没有一个真正的赢家。

只看重一城一地的胜利，是战术家。着眼于整场战争的胜利去布局战争，是战略家。超越战场之上、关注战争之后，去思考战争所带来的深远影响，从而更好地把握战争与驾驭战争，这才是政治家。借用利德尔·哈特的话来说，将军的战

有太多企业，就是因为太看重短期的业绩，反而损害了企业的长远发展。

略往往是以如何保障赢得战场的胜利为限度，而政治家的大战略必须看得更远一些，它的任务是如何保障战后的和平。不顾一切地去追求胜利，而不考虑战争的后果，必然会使自己过分地精疲力竭，并在尔后的和平中得不到好处。而且，这样在战后建立起来的和平，必然是极不稳定的，甚至马上又孕育着新战争的胚胎。

竞争的目的，是为了给自己创造一种更有利于长远发展的战略环境。

读战争史你会发现一个非常有意思的现象。开始的时候，你会看重每一场的胜利，并且为了每一场胜利都是不惜代价，全力以赴。但是时间长了你会发现：并不是每一场胜利都那么重要，也并不是所有的胜利都只能靠对抗的方式去取得。更值得警惕的是，动不动就不惜一切代价去取胜，往往就会打了那些本来就不应该打的仗。

胜利只是一种手段，不能把打胜仗变成目的本身。一味地追求打胜仗的结果，忘掉了打胜仗的最终目的，反而可能会使得你和组织陷入更大的消耗性的恶性争夺，从而陷入更大的全局性灾难。用孙子的话说：“战胜攻取而不修其功者凶。”

所以，中国的兵家早就对一味追求胜利的君主发出了警告。吴起说：“五胜者祸，四胜者弊，三胜者霸，二胜者王，一胜者帝。是以数胜得天下者稀，以亡者众。”孙膑也说：“乐兵者亡，而利胜者辱。兵非所乐也，而胜非所利也。”

两千年前这样的忠告，对于今天的企业家更好地理解在商业世界中的“打胜仗”，同样是适用的。

还没打就已经赢才是最高的境界

关于打胜仗，孙子讲过一句非常耐人寻味的话：“善战者之胜也，无智名，无勇功。”**真正高手所打的胜仗，没有智慧的名声，也没有勇武的战功。**

我的老师吴如嵩先生讲，他有一次跟俄罗斯

汉学家克平女士交流，克平女士说她非常喜欢孙子兵法的一个理念：佩戴勋章最多的将军，不是最好的将军。吴老说他当时一愣，孙子兵法原文中并没有这句话。但仔细一想，这不就是对“无智名，无勇功”最好的解释吗？

所有的勋章都是打出来的。人们往往会被战场上那些辉煌的胜利所吸引，打胜仗越多的将军就会赢得越多的勋章，可是人们往往会忘记问这样一个问题：如果你有伟大的战略，你的胜利真的需要那么多的战役和那么多的牺牲吗？

关于打胜仗，孙子兵法最核心的思想是“上兵伐谋”。战争表面上看来是双方士兵的厮杀，其实背后较量的是决策者的战略决策能力。决策者的战略眼光，是影响取胜成本的关键要素。

所谓的“谋”，就是深谋远虑，就是战略性的思考，是对未来的把握，包括战略布局的能力。所谓的“伐谋”，就是通过深谋远虑的战略意识，在战略的层面，从一开始就通过高瞻远瞩的战略运作，影响战略格局的形成，塑造即将开始的战略格局，引导战略格局的走向，从而使得对手或者不能跟你对抗，或者不愿跟你对抗。

竞争也是如此。加里·哈默尔和普拉哈拉德曾经把竞争分成三个阶段：知识的竞争、路径的竞争和市场的竞争。第一阶段是竞争知识上的领先地位，即形成产业发展预见能力及精心构建战略发展框架；第二阶段是抢先塑造及缩短从今天的市场和产业结构到明天的市场和产业结构之间的路径；第三阶段是一旦新商机“启动”及新的产业结构开始形成，就要努力争取获得市场实力和市场地位。

并不是每一场胜利都那么重要，也并不是所有的胜利都只能靠对抗的方式去取得。

第一阶段的竞争是构想另一种产业结构和新商机，目标是在“思维和想象力”上战胜竞争对手。第二阶段的竞争是积极朝于我有利的方向塑造未来的产业结构，目的是迂回并超过竞争对手。

> **决策者的战略眼光，是影响取胜成本的关键要素。**

哈默尔和普拉哈拉德指出，大多数管理者还有商学院的战略学教授念念不忘的，是竞争的第三阶段，即以市场为基础的竞争。然而在这一阶段，胜利的桂冠属于谁，其实早就已经一目了然了。竞争的结局决定于第一阶段和第二阶段。第三阶段的竞争，也就是市场的竞争，不过是第一阶段和第二阶段的展开而已。

哈默尔和普拉哈拉德的分析可以给我们什么样的启发？

让团队陷入不断的市场苦战，然后要求团队一定要打胜仗，往往是因为管理者自己在第一阶段和第二阶段出现了问题。而真正的高手是“未战而庙算胜”。什么是“未战而庙算胜”？仗还没有开打，在战略上就已经赢了，这才是将军的最高境界。所以傅盛说，**优秀的战略家在开战之前，就有了七分胜算。**

战争中真正的高手，一定要在战略思考和战略布局的阶段与层面去奠定战胜对手的基础。竞争中高明的管理者，也一定要把取胜的重心放在战略布局的阶段与环节上，着眼于布长远之局，布未来之局，通过高明的布局而为组织奠定取胜的基础。

孙子说：“胜兵先胜而后求战，败兵先战而后求胜。”打胜仗的军队，是先获得胜利的战略地位，奠定获得胜利的战略基础，才会出手。打败仗的军队，是企图在打的过程中找机会来侥幸取胜。如果将军不能在战略的环节与层面超出对手，就只能寄希望于下属在战术的层面去打胜仗。而团队在战术层面再能打仗，打再多的胜仗，往往也无法弥补将军在战略上的缺失，更不用说战略上的错误。

雷军说过一句非常精彩的话：不要用战术上的勤奋，来掩盖你战略上的懒惰。而比战略懒惰更可怕的是：战略上出现了问题，却茫然不知，或不愿承认，甚至把问题甩锅给下属，甩锅给团队，怪罪下属和团队不能打胜仗。因此就不是去解决更根本的战略问题，而是企图通过战术或执行层面的胜利来挽回局面。

第二次世界大战后期，面临战略上的失败，希特勒将所有的希望都寄托在了新技术与装备的研发，以及发起战术性的作战行动上，比如说那场孤注一掷的第二次阿登战役。然而希特勒的命运告诉我们，不解决战略层面的根本问题，却把大量的时间花在战术与执行层面的打胜仗上，最终只会让你的团队更“有效”地去做错的事情。

也要有作战层面打硬仗的能力

在战略层面奠定取胜的基础，当然非常重要。但是战争不仅仅是运筹帷幄，战争还要靠作战层面的对抗，才能把胜利的可能变成现实。企业也不仅仅靠战略布局，企业最终还是要靠市场的竞争，才能真正占领市场。

再好的战略意图，也需要作战层面的落地。作战层面打硬仗的能力，是实现战略意图的必不可少的手段。

在真实的战场上，胜利是一仗一仗地打出来的。在真实的竞争中，逆境是一步一步地扭转的。尤其是在关键的节点、在关键的领域、在关键的阶段，你注定会遇到关系生死、关系全局的硬仗恶仗。赢了，打开局面。输了，越加困难。这时候一定要敢打、能打，而且打则必胜，这样才能推动战略全局向着有利于自己的方向演进。

就像红军在长征中，必须打下娄山关，必须飞夺泸定桥，必须攻克腊子口。因为这关系到组织的生死存亡。用任正非的话说：“除了胜利，我们已无路可走。”这个时候，拼的是顽强的意志、高昂的士气、剽悍的作风，以及对于胜利的渴望。一句话，就

仗还没有开打，在战略上就已经赢了，这才是将军的最高境界。

是敢打硬仗、恶仗的气势。

辽沈战役著名的三大阻击战，全部是典型的硬仗、恶仗。

塔山阻击战，东北野战军4纵浴血奋战6昼夜，顶住了国民党军队11个师的进攻。守卫塔山正面阵地的34团，战至最后全团只剩下21人。塔山不是山，人就是山。塔山阻击战直接决定了锦州战役的结局。

黑山阻击战，面临廖耀湘多个主力师在猛烈炮火支援下发起的全线猛攻，东北野战军10纵以与阵地共存亡的决心，顽强抗击3天，阵地多次失而复得，最终完成了阻击任务，为东北野战军合围廖耀湘兵团创造了条件。

厉家窝棚之战，一天两夜强行军250里的东北野战军6纵，在极度疲劳和完全没有时间构筑工事的情况下，完全是硬碰硬，以两个师的兵力，死死顶住了企图由此夺路而逃的廖耀湘5个军的疯狂进攻，为全歼廖兵团立下了头功。

不要用战术上的勤奋，来掩盖你战略上的懒惰。

战术千万条，敢打第一条。在共产党的军队中，什么样的部队是好部队？一听打仗就嗷嗷叫。毛泽东曾经讲："这个军队具有一往无前的精神，它要压倒一切敌人，而决不被敌人所屈服。不论在任何艰难困苦的场合，只要还有一个人，这个人就要继续战斗下去。"用今天的话说，就是要让打胜仗的思想成为一种团队信仰。

而对于领导者来说，**要想打胜仗，除了士气、作风、意志，最关键的是要打造出强大的组织能力。**这是组织持续打胜仗、打硬仗、打恶仗的基础。

在真实的竞争中，较量往往是全方位的。组织经常面临在不同层面同时与竞争对手展开较量。因而，优秀的组织不能忽视任何一个层面的能力。

优秀的组织既要有深谋远虑的战略能力，也要有在关键时刻打硬仗、打胜仗的能力，才能在任何情况下，始终把命运掌握在自己的手里。用孙子的话说："夫霸王之兵，伐大国，则其众不得聚；威加于敌，则其交不得合。""信己之私，威加于敌，则其城可拔，其国可隳"。

实实在在、踏踏实实从作战的基本面入手，在作战层面打造出打硬仗的组织能力，才会有打胜仗的牢固根基，才能在激烈的对抗中始终立于不败之地。

长期的胜利一定是价值观的胜利

胜利是有层次之分的。有战术性的胜利，有战略性的胜利；有局部的胜利，有全局的胜利；有眼前的胜利，有长期的胜利。那么，究竟是什么决定了组织长期的胜利？

在北大的课堂上，我经常会问学员这样两个问题：跟任何一支军阀相比，共产党的组织在初期看起来都显得是那么微不足道，更不用说跟更加强大的国民党比了。为什么最终是共产党取得了政权？这是一个有理念的组织。

长征中的红军，是一支让今天的很多人都无法理解的军队：衣不蔽体，食不果腹，装备极差，颠沛流离，每天面对的是困苦和死亡。如果这是一支国民党的军队，或者任何一支军阀的军队，离开苏区之后不久，这支队伍就会散掉了。红军的长征为什么取得了最后的胜利？这是一支有信仰的部队。

共产党的真正优势是政治的优势。在国共博弈的过程中，这种政治的优势一步步转化成了军事上的优势。这是双方力量消长的关键因素。

企业也不仅仅靠战略布局，企业最终还是要靠市场的竞争，才能真正占领市场。

从历史上来看，从来没有哪一支军阀或土匪的队伍能够真正成事，即使是在乱世之中。当尘埃落定的时候，人们也会发现，最后胜出的，一定是有着卓越的价值观的那支力量。所以孙子兵法谈到打胜仗的五大核心要素，第一个就是“道”。孙子说：“道者，令民与上同意也，故可与之死，可与之生，而不畏危。”所谓的道，就是让民众和君主有着共同的意愿和追求，因而可以同生死、共患难，而不畏惧任何危险。

孙子所说的道，就是我们今天所讲的共同的愿景、共同的目标、共同的使命、共同的价值观。这是一个组织的灵魂，也是一个组织打胜仗的根本。

和战争一样，自古以来企业管理最核心的问题，就是为谁为战，为何而战。

无论是战争的历史，还是商界的竞争，开始相对弱小的组织最终能够取得胜利，一个核心原因，就是具有强烈的信念和清晰的价值观，并且相信自己的信念与不断践行自己的价值观。用孙膑的话说：“卒寡而兵强者，有义也。”兵力虽少，却有强大的战斗力，是因为有着清晰的道义追求。

企业当然是要追求利润的，但即使在商业这种以功利为特征的世界里，缺乏使命感的企业也无法走得长远。仅仅靠利益来凝聚的企业，只能是军阀，只能是雇佣军，乃至于土匪。没有愿景，没有是非。有利而来，利尽而散。

即使在商业这种以功利为特征的世界里，缺乏使命感的企业也无法走得长远。

如果说在战场上，真正让人超越生死利害的，是组织深层次的信念与追求。那么在商业世界中，清晰的使命、愿景、价值观，才是一个企业长期胜利的关键。

长期的胜利，最终一定都是价值观的胜利。那些坚守卓越的价值观、并持续地为社会创造长远价值的企业，社会最终一定会给它长远的奖励。

编辑：曹雨欣

独自花间坐，面对小荷塘。世界太热闹，此处最清凉。

插画摘自 @ 老树画画

有料 EXPLORATION

Web3.0，美好愿景还是海市蜃楼？

有人说，中国互联网大厂的中生代正在逃离、迁徙，奔向Web3.0的乐土；有人说，Web3.0是海外虚拟经济的新一轮炒作，和中国无关。而在新世界，我们将会是什么角色？

互联网进化三部曲

Web1.0是门户时代的互联网，一个服务方集中整理和发布信息，供广大网民浏览使用，如当年的新浪、搜狐等门户网站，提供新闻、天气等资讯，全球用户可随时访问。

Web2.0是社交时代的互联网，服务方将部分发布功能开放给所有或部分用户，用户可以在一个服务方提供的平台上同时浏览和创建、发布新的信息，是在Web1.0基础上将原来只属于服务方的部分功能开放给了用户，例如博客、微博、微信等不断迭代的互动媒体和社交平台。

Web3.0则更开放，多个服务方基于一套通行标准和技术接口提供用户浏览、搬运、创建、推荐服务，甚至基于基础服务进行二次开发，提供新功能的多种权限，用户可以凭借一种身份识别方式打通自己在多平台的数据，也可以将在一个平台上的资产和信息转移到另一个平台上。

因此有人说，Web1.0是广播互联网，Web2.0是交互互联网，Web3.0是价值互联网。

Netflix创始人Reed Hastings阐述了定义Web术语的简单公式：

“Web1.0是拨号上网，平均带宽是50K，Web2.0的平

① 原文选自秦朔朋友圈《Web3.0在中国有机会吗？》，有改动。

均带宽是1M，那Web3.0的平均带宽就该是10M，是全影像的网络，这才感觉像Web3.0。”

新事物的发展，总是在周期的轮回、泡沫的起灭中艰难向前。

我们为什么要奔向Web3.0的乐土[1]

目前的互联网处于Web2.0阶段。比如在微博、微信和Facebook上，内容不仅由平台生产，用户也可以贡献。比起Web1.0，用户不仅可读，还可写。

互联网向前迈出了一大步，但是还不够，因为这些内容本质上并不属于用户，而是属于平台。平台利用用户的内容，拿走用户的数据，抢夺用户的时间，去分析、去变现。用户和平台相比几乎微不足道，只有微弱的影响力和微薄的收益。更可怕的是，因为平台拥有所有权，所以它可以删除用户的发言，删除用户的痕迹，甚至删除用户，让用户消失。

显然，这是有问题的，因此我们需要Web3.0。Web3.0，应该除了可读、可写，还要可拥有。用户能够拥有自己的数据和内容，拥有自己的权力和收益。是用户说了算，而不是平台说了算。

人们逐渐会发现，Web3.0的本质是开放和多赢的技术，是在Web2.0走到瓶颈（或者说“终极内卷”）、让相关各方都骑虎难下的情况下应运而生的新方案。所以，Web3.0不是轰轰烈烈的“颠覆”，而是适者生存的自然进化。

新事物的发展，总是在周期的轮回、泡沫的起灭中艰难向前。未来，一定会有燃烧的火炬，发光的金矿，不眨眼的镰刀。那么，在新世界，你又是谁呢？是举火的理想主义者，是淘金的冒险家，是镰刀下的“韭菜”，还是冷眼旁观的人？

编辑：刘靖阳

① 原文选自秦朔朋友圈《Web3.0在中国有机会吗？》和刘润《Web3.0：火炬。金矿。镰刀》，有改动。

飞行汽车，何时起飞？

人们对飞行总有热切想象。试想一下，这些场景会不会成为未来常态：窗外无人机穿梭，外卖美食被送上门；坐电梯登上楼顶，搭乘飞行器飞往另一个运输点……[1]

城市空中交通——未来新蓝海[2]

城市空中交通可以理解为即飞即停、安全有效的有人或无人驾驶的自动化航空服务。霍尼韦尔航空航天集团中国首席技术官肖进称："城市空中交通能够填补传统航空工业的空白，解决航程555.6千米以内坐飞机不合算而地面又拥堵的出行问题。"摩根士丹利公司的研究报告显示，到2040年，全球城市空中交通的市场规模将达到1.5万亿美元。

自动驾驶汽车有L0到L5级，城市空中交通发展也会有类似的过程，从基础自动到完全自主。**物联网、人工智能、5G等技术将给城市空中交通带来更多机遇。**

汽车何时能飞得又高又远[3]

目前参与飞行汽车研发的公司主要集中在中国、美国、欧洲等国家和地区，包括德国的Lilium和Volocopter，美国的Kitty Hawk、Archer和Joby，中国的亿航和小鹏等新兴企业，以及奥迪、吉利、丰田、空客等传统车企和航空企业。这些企业的产品目前均处于试点飞行状态，全世界还没有一条正式商业运营的飞行路线。

---

① 原文选自霍尼韦尔《没有红绿灯，空中交通怎么通？》，有改动。

② 同①。

③ 原文选自界面新闻记者唐俊《中美欧争相研发飞行汽车，何时能真正起飞？》，有改动。

市场未启，资本先行。

市场未启，资本先行，飞行汽车行业已有多家公司上市。2019年年底，亿航在美股上市，成为全球第一家上市的飞行汽车公司。罗兰贝格管理咨询公司方面分析，目前中国公司入局比较早，产品跟国际上相比没有明显的时间差，也属于第一梯队。

尽管市场如此活跃，商业飞行仍然面临来自技术、政策和运营场景的约束：

（1）比起飞起来，能飞多远更加棘手。飞行汽车不能无限制叠加电池，导致其续航里程普遍较短。**电池技术是否会取得突破？或者可否借鉴新能源车的换电模式，设计成电池可快速拆卸？**只有续航问题解决了，才有更多运营场景可以想象。

（2）噪声也是一个问题。飞行汽车的螺旋桨在工作时会产生高分贝的噪声，虽然可以通过隔音材料实现飞机内部降噪，但低空飞行时有可能影响飞机外的居民生活。

（3）安全性仍有待进一步确认。中国政府部门对航空安全高度重视，只有足够安全的飞行器，才有可能被允许升空。

（4）商业飞行还面临适飞认证、空域管理、行驶规则、事故责任划分等政策性问题，以及基础设施、运营模式、经济成本、用户体验等挑战。

清华大学车辆与运载学院张扬军教授认为：

①“先载物后载人”是飞行汽车较为可行的商业化路径。②可以先通过载物积累经验，进行技术迭代、数据积累、安全验证等工作，成熟后再过渡到载人。③长三角地区和大湾区可能最先开始尝试飞行汽车运营。

总体来说，飞行汽车目前仍处于从研究探索走向商业化应用的早期阶段。

编辑：刘靖阳

BOOK 有书

瑞·达利欧 书单

桥水基金创始人兼董事长

瑞·达利欧（Ray Dalio）被誉为“投资界乔布斯”，他创造了世界上最大的对冲基金公司——桥水基金，其规模超过1500亿美元，累计盈利450亿美元，过去20多年里创造了超过20%的年平均投资回报率。

达利欧的卓越投资思维是如何形成的？他的阅读书目可让我们一窥端倪。此份书单整理自他早期接受的采访。

《注定一战》
[美] 格雷厄姆·艾利森（Graham Allison）著

“这本书提醒我们，在过去的500年里，新旧帝国冲突发生了16次，其中有12次发生了战争。”——瑞·达利欧

随着中国实力的迅速提升，美国长久以来拥有的全球优势地位受到了挑战。从历史的角度来看雅典和斯巴达的战争历史，对理解当下中美关系的发展至关重要。本书聚焦崛起中的中国对于美国及全球秩序的影响这一问题，对历史上16个崛起国与守成国的全球竞争案例和战争场景进行分析，指出中美之间的冲突是可以避免的，同时还为中美如何避免发生战争冲突提供了12个具有借鉴意义的方法。

《坚定不移》
[美] 保罗·沃尔克（Paul A. Volcker）、克里斯蒂娜·哈珀（Christine Harper）著

“作者是一位美国英雄，在过去的50年里，对于塑造世界经济，他所看到的、所贡献的比任何人都多。这本书是必读的。”——瑞·达利欧

美联储前主席保罗·沃尔克在91岁高龄时书写了70年的金融从业经验与教训，详述近一个世纪的货币政策和国际金融体系变迁，还原重大金融历史现场，生动地展示了在风云激荡、复杂莫测的世界经济与政治环境中，他与世界上的政治家、中央银行家和金融家是如何应对危机的。这本书不仅展现了沃尔克一生坚定不移、绝对正直、专业前瞻地追求经济增长和金融稳定发展的历程，更反映了国际金融与货币体系的变革演进史，折射出世界经济发展的脉络。

《爱因斯坦传》
[美] 沃尔特·艾萨克森
（Walter Isaacson）著

“我读了这本书和《富兰克林传》，并探究了二人的相似之处。”——瑞·达利欧

这本书以爱因斯坦的私人信件为基础，向我们讲述了他是如何从一个年轻、失意的专利局职员变成一位诺贝尔奖得主的，并在这个过程中改变了我们所知道的世界。达利欧和马斯克都非常喜欢艾萨克森写的传记，作者用一种非常熟悉的方式将他的主人公定位为年轻的叛逆者和不墨守成规的人，他们对自己存在的目标充满激情，并在这种追求中最终改变了我们看待生活的方式。

《苏世民：我的经验与教训》
[美] 苏世民
（Stephen A. Schwarzman）著

“把梦想变成现实需要付出些什么？这个故事真实地展现了这个过程。”——瑞·达利欧

这是一部投资、管理类图书，是一部关于成功创业的书，还是一部处世哲学。苏世民创立的黑石集团是全球投资管理行业和房地产管理行业的巨头，黑石集团人均利润是高盛的9倍，过去30余年平均回报率高达30%以上。苏世民以严谨的投资流程、创新的交易方式、多样的业务领域、做好每一件事而闻名。他花费一生时间去学习、去思考如何成功、如何实现梦想，他几十年积累下来的经验与教训都浓缩在这本书中。

《习惯的力量》
[美] 查尔斯·都希格
（Charles Duhigg）著

“棒极了，我看了这本书后把它送给了我们公司的每个人。”——瑞·达利欧

怎样戒掉一个坏习惯？怎样建立一个好习惯？怎样识别自己的习惯？怎样利用习惯的力量改变自己和他人？《华尔街日报》称，“连陷入危机的人都可以用这本书的知识改变自己的命运”；《经济学人》说，“本书将告诉你洞悉顾客的习惯对于市场营销至关重要”；《三联生活周刊》评论，“习惯养成容易消除难，不过一旦你明白了习惯可以改变的原理，你就有了改变它们的自由以及责任”。

历史之轮滚滚向前，无可阻挡，但如果回看车辙，会发现其中隐藏着未来的方向。这份书单里，你将会看到美国经济发展的推力是什么，人类如何看待科学技术的发展与自由意志的关系，以及中国面对曾经的八次经济危机如何实现"软着陆"；方太集团已经意识到，管理模式与方法是硬件，而文化是软件，唯有文化生生不息。

《繁荣与衰退》
[美] 艾伦·格林斯潘、
阿德里安·伍尔德里奇 著

这是一部史诗级的美国演变史，你将从中看到一片荒芜的殖民地如何成为人类历史上最强大的造富和创新引擎。艾伦·格林斯潘拥有传奇般的职业经历，他研究的首要问题是生产力如何增长，而解答这个问题的核心是理解创新以及与之伴生的谜团——创新从何而来？创新如何传播？为什么创新在某些时期能够在民众中获得大量传播，而当下的创新成果只集中在极少数人手里？

《繁荣与衰退》沿着美国经济发展的时间脉络，用精彩凝练的语言讲述了每个历史时期推动经济发展的最重要的社会因素。这本书论述了美国经济史中的重要话题，无论是内战爆发前南方奴隶制发挥的作用，还是罗斯福新政带来的实际效应，甚至是全球化及其影响给民众带来的剧烈冲击，都会给读者带来强烈震撼。最令人印象深刻的，应该是数百万普通美国民众释放出来的惊人能量，正是这股能量推动着美国走向财富和力量的巅峰。根据作者的观点，美国之所以展现出与众不同的天赋，核心在于能够容纳创造性破坏带来的后果，破旧立新的潮流从未衰退，新人口、新观念总是不断带来进步；尽管创造性破坏往往会造成混乱的后果，但它使美国人的生活水平提升到前人无法想象的高度；面对创造性破坏带来的损失，美国人总是愿意用牺牲换取收益，如果我们不能认清这个事实，就无法解释美国的崛起，也无法解释美国如何应对历次挑战。

最近几十年间，美国的生产力止步不前，作者认为，这是汲取历史经验的最佳时刻，美国是否还能保持其领先地位，还是将其拱手让人，应该从历史中找到答案。

——推荐人：田涛 华为高级管理顾问

《未来简史》
[以色列] 尤瓦尔·赫拉利 著

这本书被称为21世纪的脑洞大作，大致讲述的是曾经长期威胁人类生存、发展的瘟疫、饥荒和战争问题已经被攻克，人类将面临新的议题：永生不老、幸福快乐和成为具有“神性”的人类。在解决这些新问题的过程中，科技的发展将颠覆很多我们当下认为无须佐证的“常识”，比如人文主义推崇的自由意志将面临严峻挑战，机器将代替人类做出更明智的选择。

实际上，今天科技已经融入了生活，彼此之间的融合会越来越多。这本书是一本简史，更是一本科普书。过去的科普书是对知识的普及，但现在你会发现，很多对未来的预测都已成为现实。

——推荐人：刘积仁 东软集团董事长兼CEO

《八次危机》
温铁军等 著

过去数十年中，联合国开发计划署在中国的扶贫和改革领域与温铁军教授进行了紧密合作并感到荣幸之至。我非常钦佩他“用脚做学问”的精神，即政策研究必须基于与基层民众一起工作得来的实践经验。

我相信本书会为中国发展经验提供一个更为完整的画面。在世界联系日益密切、许多国家面临类似问题并试图寻找更佳途径之时，对中国发展经验的深入了解，对所有人都将大有裨益。

——推荐人：罗黛琳 联合国开发计划署驻华代表

《方太文化》
周永亮、孙虹钢、庞金玲 著

文化是软件，管理模式与方法是硬件，两者配合默契，企业才能收获预期的结果。在我看来，方太以中华优秀传统文化作为原则和底色，很好地吸纳了西方的管理模式、方法和工具，而且相得益彰。方太的文化不仅注重企业的生产目标、营销目标、利润目标，更重要的是让员工真正感觉到自己是企业的一分子，行为举止对企业有重要价值，最终让方太长期保持活力。

——推荐人：杨壮 北京大学国家发展研究院BiMBA商学院前联席院长

“有书”推荐书目已上架正和岛“CEO 商城”
扫码购书

有约 ZHISLAND TIME

特别记录：正和岛守“沪”战疫时刻

2022年春夏之交，全国特别是上海的新冠肺炎疫情牵动着大家的心，企业的经营发展也遭遇了重大挑战。正和岛心系上海企业家，特别邀请几位重磅嘉宾，与上海岛邻企业家在线“零距离”交流。

一、正和岛守“沪”战疫线上暖心会——秦朔专场

2022年4月22日，正和岛守“沪”战疫暖心会第一期，正和岛创始人兼首席架构师刘东华、秦朔朋友圈发起人秦朔、正和岛执行总裁史船、正和岛高级副总裁杨云，与近300位上海企业家相聚畅谈。

在岛邻互动环节，秦朔表示：“**大环境下还有很多机会，但要注意先‘投智’再‘投资’，核心问题并不是要急着把钱投到哪里，而是要投对**。这就要求我们去调查研究，多去思考自己在哪些方面更具有竞争力，再去考虑把钱投到哪里。”

正和岛创始人兼首席架构师刘东华也为上海岛邻带来鼓励：“我认为上海企业家是目前最困难的人群之一。对于自己的‘小家’而言，他们是一家之主；对于企业这个‘大家’，他们又是一企之主。谁躺平，企业家都不能躺平。在环境难以改变时，就要勇于直面现实。哪怕明天就是世界末日，我今天仍要高高兴兴地种下自己钟爱的那棵歪脖子树。”

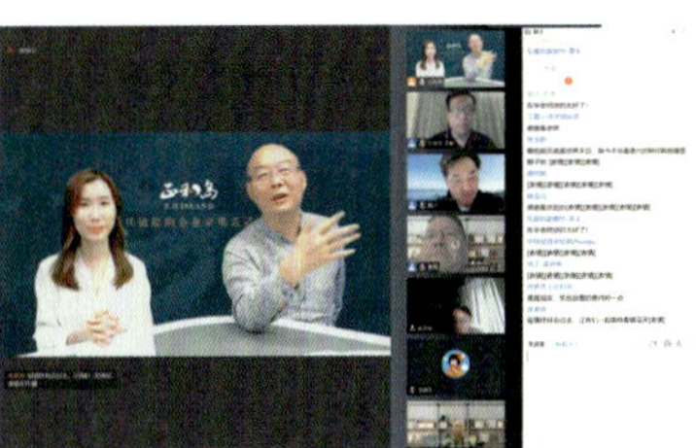

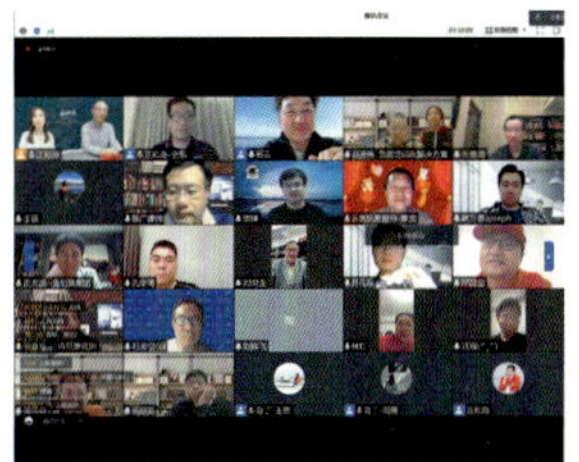

二、正和岛守“沪”战疫线上暖心会——王林专场

2022年4月30日晚，正和岛守“沪”战疫暖心会第二期邀请正和岛首席经济学家王林、正和岛执行总裁史船、正和岛高级副总裁杨云，在线陪伴200多位企业家度过了一个难忘的夜晚。

王林从中央作出的政策部署、扩大消费的重点领域、资金保障及对应的金融和信贷支持、2022年经济工作主要发力点、经济发展的大趋势以及项目储备的空间等多个方面进行了分享。最后，他总结道：“我赞同这样的观点：世界上有两种人，一种人因为看见而相信，另一种人因为相信而看见。我们正和岛岛邻挺住，就能带动中国的一批企业家挺住，从而让中国经济挺住！相信未来，创造未来！”

三、线上活动合集

在上海新冠肺炎疫情防控期间，正和岛华东区共举办40余场线上交流活动，包括主题分享会、资源链接会、岛邻交流会等。企业家之间相互赋能，以积极心态应对外在环境的不确定性。

2022年3月26日，正和岛（上海）组织纺织服装行业线上圆桌会，邀请到正和岛高级副总裁杨云、江苏三丰纺织董事长姚明以及20多位正和岛华东区的纺织服装行业企业家，进行线上交流和资源链接。

2022年4月7日，正和岛（上海）举办财税筹划主题线上圆桌会，正和岛（上海）岛邻、亚洲人才集团董事长张秀莉带来极具专业性和实操性的分享。约30位岛邻全程参与本次圆桌会，针对财税筹划相关问题进行了线上咨询交流。

2022年4月13日，正和岛（上海）举办家族宝藏主题线上圆桌会，20余位岛邻参与交流，正和岛（上海）岛邻、元中堂主理人王天翔带来3小时的分享，话题涉及藏品鉴赏、家族文化传承、艺术品行业的未来投资走向等，精彩有趣。

2022年4月16日，正和岛（上海）举办岛师团线上交流会，岛师团收集了新冠肺炎疫情下上海岛邻们最关注的问题和最迫切的需求，在4月20日开始积极协助和对接。

……

除了线上交流，正和岛华东区还开展了“向东100计划”——深度采访100位优秀的正和岛（上海）岛邻，并在正和岛平台宣传、链接。同时，正和岛上海岛师团发起的岛邻互助计划，也为许多岛邻带来了生产、生活方面的暖心帮助。

四、上海岛邻代表心声

市场本来就是有跌宕起伏的，在别人选择躺平的时候，我们选择一路向前，或许拼尽全力也只能停在原地，但是市场终将恢复，届时我们最有机会一马当先，这就是在不确定的市场中最大的确定性。

——**江南春** 分众传媒创始人兼董事长

天时有四象：春、夏、秋、冬（四季循环）。人时亦有四象：吉、凶、悔、吝（四象循环）。人生有序，不可逆来。只有踏准时令，才会少留遗憾。

——**杨勇萍** 上海雪榕生物科技股份有限公司董事长、总裁

疫情更让我们静心守志，内观内省。胜人者有力，自胜者强，每一位有韧性的企业家内心都有一团大风吹不灭、越烧越旺的信心之火！

——**张晏琦** 上海水威环境技术股份有限公司创始人

疫情过后，我们正和岛的企业家们需要携手并肩、互相助力，把疫情后的次生灾害、困难当成机遇，相信上海的明天一定更美好！

——**李成长** 浙江高鼎医疗控股集团有限公司董事长

罗曼·罗兰说："伟大的背后全是苦难。"希望每一个承受过痛苦和孤独的人，当疫情消散后，都能迎来属于自己的阳光灿烂。

——**吴未央** 上海智辛企业管理有限公司总裁

疫情之下，有危就有机，相信相信的力量。早预判、快行动、强价值，驰援方舱，乐巢逆势中迎增长！预判危机，提前布局，相信每一位岛亲都能在不确定性中找到确定性！

——**章戈** 上海乐巢家居用品有限公司董事长

没有一个冬天不会过去，没有一个春天不会到来。当下的苦难必使我们脱胎换骨，让我们共同期待不久后的曙光与黎明！

——**林杰** 上海环世物流（集团）有限公司董事长

在不确定的大环境下，如何把握确定性，与时俱进地调整经营策略？事物都有正反两面，痛过了，会思之，会改变。保持乐观，如看待试金石一般看待所有的困难！

——**冯亦朋** 上海祥先实业有限公司董事长

疫情不会阻碍太阳升起。越是困难时期，企业家精神会成为越重要的推动力。我相信聚众力、成大爱，相信同道同行。

——**庞勇** 上海瀛之杰汽车信息技术有限公司董事长

前途总是光明的。如果能借助这次疫情的挑战，建立起面向未来的组织能力，就能把坏事变成好事。

——**陈远明** 上海轩田工业设备有限公司董事长

小区一哥，晨为众邻开摄影课，晚呼众邻取所团猪肉。大伙嬉笑反差之大，其曰：猪肉是为了活着，摄影是为什么活着。大商者，需上善若水，有九德也！

——**邵新娟** 上海良谷企业发展集团有限公司总经理

当经济面临困境，企业在重视政策底（支持）、市场底（信心）的同时，更要守住人性底（向善不作恶），这才是走出来的王道。

——**严明** 上海康品汇网络科技有限公司董事长

10年作者、合作者榜（部分）

安筱鹏
巴曙松
白立新
包 凡
保育钧
卜一洲
蔡洪平
曹慰德
曹秀华
曹岫云
曹仰锋
曹远征
陈春花
陈东升
陈 功
陈 宏
陈继武
陈 劲
陈黎芳
陈 龙
陈明键
陈 南
陈全生
陈威如
陈向东
陈志武
程 龙
程绍珊
褚时健
崔广福
邓德隆
邓 锋
邓 洁
邓天卓
刁大明
刁志中
丁立国
杜中兵
度阴山
段永朝
房晟陶
冯 仑
冯阳松
傅成玉
傅 盛
傅仲宏
高德福
高天乐
高西庆
宫玉振
龚大兴
辜胜阳

古永锵
顾建党
管清友
管彤贤
郭广昌
郭恒华
韩 伟
韩小红
何 帆
何 刚
何广川
何 力
何日生
何伊凡
何志毅
胡葆森
胡季强
胡扬忠
胡祖六
花 欣
华 杉
黄德满
黄丽泰
黄怒波
黄奇帆
黄铁鹰
黄卫伟
黄晓杰
黄益平
霍泰德
贾国龙
贾 康
贾 伟
简世勋
江必旺
江金权
江南春
姜汝祥
蒋 丰
蒋锡培
金错刀
金惟纯
老 树
黎万强
李 飚
李 斌
李稻葵
李道先
李东来
李东生
李 丰
李建全

李剑威
李连柱
李 农
李善友
李书福
李天田
李 翔
李旭东
李志刚
李子彬
梁 宁
梁信军
廖建文
廖杰远
林腾蛟
林纹如
凌兰芳
刘宝林
刘光毅
刘国林
刘红路
刘积仁
刘 吉
刘 芹
刘庆峰
刘 润
刘胜军
刘苏里
刘向阳
刘晓光
刘永行
刘永好
刘元春
刘自鸿
柳传志
龙永图
卢庆国
路江涌
陆 铭
陆 奇
陆雄文
罗养毅
罗振宇
罗 茁
吕世浩
吕思清
吕 曦
马明哲
马蔚华
毛大庆
毛振华
茅忠群

孟 醒
米 磊
苗鸿冰
苗兆光
缪建民
莫 言
南存辉
倪 频
聂云宸
宁高宁
牛根生
欧阳翔宇
欧阳自远
潘定国
彭剑锋
彭永东
祁东风
钱大群
钱金耐
钱颖一
钱治亚
秦 朔
秦玉峰
邱国鹭
曲敬东
阮积祥
邵 珲
沈博阳
沈根莲
沈国放
沈国辉
沈国军
沈志群
施 炜
施 展
宋志平
苏 鑫
孙立平
孙陶然
谈义良
谭智佳
汤 敏
唐彬森
唐恒志
唐 宁
唐 闻
陶 闯
滕 泰
田溯宁
田 涛
田 源
万维钢

汪潮涌
汪建国
汪静波
汪力成
汪群斌
汪 滔
王德根
王 静
王均豪
王利芬
王 林
王 宁
王平生
王若雄
王 石
王维嘉
王文京
王文银
王 欣
王 瑛
王煜全
王玉锁
王志纲
韦 森
魏法军
魏建国
魏志强
温志芬
文一波
翁永曦
吴伯凡
吴春波
吴甘沙
吴建民
吴敬琏
吴 军
吴清友
吴如嵩
吴 声
吴晓波
吴亚军
夏 斌
夏 华
香 帅
项 兵
项建标
向松祚
肖 冰
肖 风
肖知兴
谢 萌
谢祖墀

忻 榕
邢志清
熊 焰
徐欢生
徐井宏
徐 丽
徐少春
徐 石
徐小平
徐 正
徐子沛
许善达
许小年
许 正
许倬云
严 明
颜艳春
杨 彬
杨 杜
杨国安
杨浩涌
杨 宁
杨 鹏
杨树仁
杨 壮
姚吉庆
姚 洋
叶大清
叶 锋
叶国富
叶 朋
易中天
英美惠
余 晨
于德翔
余 放
余惠勇
余 进
俞可平
于 雷
俞敏洪
于 扬
袁安根
原研哉
曾 鸣
翟志海
张奥平
张宏杰
张建锋
张力奋
张丽俊
章燎原

张 平
张启明
张荣耀
张瑞敏
张首晟
张维迎
张醒生
张 颖
张蕴蓝
张肇麟
张志东
张志刚
张志学
赵冬梅
赵令欢
赵先德
赵向阳
赵 晓
赵迎光
赵玉平
郑 钧
郑永刚
郑永年
郑毓煌
钟宝申
钟 华
周放生
周海江
周宏骐
周鸿祎
周其仁
周永生
朱倍平
朱海就
朱 民
朱明跃
朱 宁
朱武祥
朱晓楠
朱啸虎
朱新礼
宗 毅
左 晖

（以上按姓氏音序排列）

亨利·明茨伯格
拉姆·查兰
史蒂夫·霍夫曼
……
持续邀约中

欢迎将您推荐的文章发送至 zhisland_neirong@zhisland.com

正和岛价值

正和岛是
基于信任链接的企业家供需适配平台,
用线上线下相结合的方式,
为企业家提供信用社交、学习社交、合作社交三重价值。

信用社交是基础价值和前提价值。正和岛通过严格的登岛审核与推荐人制度让“对的人”在一起,帮助企业家降低信任成本,建立最可靠、最值得信任的企业家学习成长合作平台。正和岛平台已有超过8000位企业家岛邻,被称为中国商界最低信任成本的人脉金矿。

学习社交是主体价值与核心价值。正和岛用全新的学习方式推进企业家互为老师、相互学习,帮助企业家掌握移动互联时代高效学习的法门。正和岛平台生产的高品质商业资讯(正和岛官方公众号、《决策之道》、官微、案例等),岛师塾,正和塾学习小组,正和岛线上公开课等成为最受企业家岛邻欢迎的学习工具和学习方式。通过正和学习法,为企业家及创业者提供精准适配、个性化定制的学习服务,成为最可靠、最值得信任的企业家学习成长平台。

合作社交是长远价值与深度价值。在企业家相互了解、日益信任的基础上,开展各种商业合作和资源对接,降低合作成本,实现优势互补、互利共赢。

五戒

无良知的享乐

无原则的行善

无尊严的人格

无底线的商业

无诚信的交往